JN027399

叢書・ウニベルシタス　506

敗者の祈禱書

シオラン
金井　裕 訳

法政大学出版局

Cioran
BRÉVIAIRE DES VAINCUS
trad. du roumain par A. Paruit

© 1993 Cioran & Éditions Gallimard

Japanese translation rights arranged
with Éditions Gallimard, Paris.
through le Bureau des Copyrights Français, Tokyo.

I

1

痛ましい恋といえば、天上の果実を探し求めた私の行為こそ痛ましい恋というものであり——徒労だった。得体の知れぬ別の天上、果実は、その別の天上に向って盛り上がっていたが、私はといえば、わが強欲の手で果実の種《たね》をこねていたのである。

私たちの期待の上には、果樹の天蓋の枝が懸っていた。期待が鎮まると、天蓋の枝からは、その種子が落ちてきた。

天上ではどんな花も咲かず、どんな実も稔らない。自分の畑に案山子《かかし》など立てるに及ばぬ神は、つれづれの慰めに人間の庭に激しい恐怖をばらまく。私が盲《めしい》になるとしても、星々を見たからではあるまい。私が私の光をしたたかに失ったのは、誇り高い施物を乞うたからだった。天上という天上のいずれにもうんざりしていればこそ、私は世界の粧いの一助に私の魂を提供するのである。

2

「神は楽園の前にケルビムを置いた。ケルビムは炎の剣をきらめかせて、生命の樹への道を守った。」(『創世記』第三章、二四)(1)

この生命の樹への道すがら、私はよく物乞いをしたことがある。私よりもずっと哀れな放浪者たちが空っぽの手を差し出していたが、私はそのなかに希望というわずかばかりの金を落したものだ。ところで、こうして打ちひしがれた群衆のなかを歩いていると、私たちのたどる道が沼地のなかに沈み込み、楽園に茂る小枝の影が世界の無限のなかに消えうせてゆくのが見えるのだった。

知恵と忍耐とをもってしても、私たちは、私たちの宿命の始祖が支配できなかったものを支配することはできまい。私たちに必要なものは火の精神、ただこれだけだ。これがあれば、悪しきケルビムどもも剣と熱狂を研ぐのに飽きて、私たちの魂の燠《おき》のなかで溶けて消えるだろう。

「全能者」は私たちにその道を閉ざしてしまったのか。それなら私たちはここに、「全能者」の番人も剣も火もないこの地に、別の樹を植えよう。苦しみのない楽園を生み出し――それからゆっくりと、束の間の天使たる大地の葉むらの下で憩おう。「全能者」には永遠が残されるだろうが、そこには人っ子ひとりいないだろう。私たち人間は罪を犯しつづけ、陽を浴びながら腐りかけの林檎を齧りつづけるだろう。罪の知恵を好む点で私たちは「全能者」にひけをとるまいが――「誘惑」の苦しみのおかげで――「全能者」よりも偉大であるだろう。

「全能者」は死によって私たちを奴隷とし、「全能者」への奉仕に献身させることができるものと思った。ところで、私たちはすこしずつ生に慣れていった。

生きるとは、もっぱら過ちを犯すということだ。死の避けられぬ真実を嘲笑し、絶対など歯牙にもかけず、死を瑣末事に、無限を偶然に変えることであり、幻想の最深部のほかでは呼吸できぬということだ。生きることは重大事と化し、これに比べれば、神など、もはやたんなる慰みものにすぎぬほどだ。

生の偶発事で武装した私たちは、私たちをうかがう確実性を覆し、破壊し、真実を転倒させ、無効の光を攻撃するだろう。私は生きたい。だが、非‐存在の立場の擁護者、あの聖なる精神が絶えず私に飛びかかるのだ。

……こうして人間は、わが身いとおしさのあまり、過ちの遠征で剣を振りかざすのである。

3

わが同胞、彼らのことはよく分かっている。彼らの眠そうな目、その目を見ても私の憤激はおさまらなかったが、そういうとき、私は私の運命が常軌を逸したものであることを、彼らの放心した、虚ろな目のなかに一度ならず読み取った。だが私は、彼らの苦しみに無縁ではない。彼らは意欲し、絶えず意欲している。そして意欲すべきものなど何ひとつないからこそ、私は苦難に満ちた彼らの領分を侵したのであり、私の小径は彼らの欲望の泥のなかを蛇行したが、すると、つねに曖昧な彼らの探究は、笑止な光背のもとで色あせるのだった。

楽園と地獄とは一瞬の、ただ一瞬の開花であり、無益なエクスタシーの力を凌駕するものは何もないことを彼らは知らない。私は、死を避けられぬ人間である彼らの歩みのなかに、震えおののく瞬間の上での永遠の停止を見届けたことはない。

私には一本の木が、ひとつの微笑が、ひとつの夜明けが、ひとつの想い出が見える。こういうものにはどんな限界もないのではないか。この決定的な視力、瞬時にはたらく、この矯正不能の視力にまさる何を、私は期待するというのだろうか。

人間は未来を思いわずらい、生に殺到し、時間のなかに逃れ、何かを探し求める。彼らの物欲しげな、傲慢な目、それでいて自尊心に欠ける目、この目にもまして私を苦しめるものはない。

一切は最後のものであり、ただ瞬間だけが、各瞬間だけが存在し、生命の樹とは、存在の現実態への可逆的永遠の湧出である——これは彼らとて知らぬわけではない。だからもう私は何も望まない。私は夜に、精神の前に世界の土台を屹立させる、大いなる夜に浸っていることがよくあるが、こういうとき、自分が存在しているのか、あるいはもう存在していないのか、どうして知ることができようか。またこういうとき、私たちはまだ存在することができるのか、それとももうできないのだろうか。あるいはまた、音楽の曖昧なものの虜となり、それにわれを忘れて呼吸の偶然から解放されているのなら、どうして私に、自分の同胞と似ているなどと思えるだろうか。

ただひとつの目的だけをもつこと、つまり音楽よりも無益なものであること。音楽において私たちは、存在することも知らなければ、存在しないことも知らない。音楽の魅力に圧倒された犠牲者として、私たちはどこにいるのか。だが音楽とは、音のするどこでもないところではないか。

人間は無益の役立たずではいられない。人間にはたどるべき道があり、到達すべき地点があり、満たすべき欲求がある。自分たちが達成できずに終ったものに人間は困惑を覚えるが、しかしこの未達成にもとづくエクスタシーによらなければ、生は正当化されることはないのだ！　もし私たちが人間に、この単純な神秘を啓示することができるなら、彼ら人間は、この神秘の魅惑にうっとりと酔い痴れてしまうのではなかろうか。私は想い出す、あの日々と夜を……

南国の庭園を領する夜のしじま……椰子はだれの上に傾いているのか。陳腐な観念のような椰子の枝。つい最近まで、私の血のなかにはいま以上のアルコールとスペインが流れていたものだが、そのときだったら、私の怒りは椰子の木を空に向けて立て直し、私の情熱は椰子の木の地上の疲労を直立させ、私の心臓の鼓動は椰子の木を星々の近くに投げ上げたことだろう。いま幸いにも私は、考える椰子の枝によって星々から切り離されており、その葉ずれの音を聞きながら孤独の悦びを味わい、夜によって至上のものと化した壮麗な大地のなかで無と化しているのである。

もし私たちが庭園のなかで生きているなら、宗教は不可能だろう。庭園が存在しないからこそ、楽園への私たちのノスタルジーは募るのだ。花も木もない空間は目を空に向けさせ、そして人間に、彼らの始祖が木蔭で束の間なりとも永遠を住処《すみか》にしていたことを想い出させる。歴史とは庭園の否定だ。

私のさまざまの希望、これは夜のたまものだ。私は空間の外、物質と夢との間にただひとり闇の翼を駆り、失望のアロマは幸福の香りだと叫んだものだ。夜——この時間なき可能事のなかでは、私には何ごとも不可能とは思われない。ここではすべてが充分すぎるほど可能だ。だが、未来は存在しない。観念は思考の鳥と化す——いずこへ飛ぶための？　思考に蝕まれたエーテルのような、かすかに震える永遠のなかへ。

……そんなわけで私は、太陽を一種異様な関心をもって見るようになった。人間が太陽の燃えさかる火を盗み取り、それを恩恵に変えてしまったのは、どんな誤解にそそのかされてのことなのか。純粋無垢な天体を実利的な怪物の地位におとしめたのは、どんなポエジーの欠如だったのか。私たちはみな太陽の光にあまりに人間的に近づき、太陽を実在の源泉とみなし、それに過剰の実在性を与えてしまったのか。なぜ私たちは、空にまで目的を投影したのか。

私は太陽がどこまで存在するのか知らない。だが、私がもうどれほど太陽の下にいないかは知りすぎるほど知っている。どこかの海岸で、夢の水平線に――時間とともにあらわれ、そして砂の上の泡ほどにも儚い夢の水平線に、数時間というもの、半ば開いた目をそそぎながら、あの贅を尽した蕩尽ともいうべき、幸福と無の混じり合いを感じ取ったことのない者、こういう者は、美が世界にもたらした危険を何も知らない。

太陽の下で私は若いと思っていたが、私には年齢がないのに気づいた。そしてあの真夜中、私がいまだに豊かな年月に恵まれていたとしても、あの真昼、もう私には年月は残ってはいなかった。あらゆる年齢は逃げ去り、私たちは存在と非‐存在の間に、陽を浴びたニヒリズムのなかにとどまるのである。

4

夕暮れどきのどんな刻限か、青春のいつの年のことか覚えてはいないが、不幸な私が不幸でありたいと願いつつ、思い上がって太陽のことなど考えもせず、トランシルヴァニアの町から下ってきたとき、落日の啓示は、私の膝の矜持をやにわに打ち砕いた。私の四肢は夕暮れの疲労になじみ、心の汚れのなかに消えずに残っていた太陽は、金色の断末魔の枕辺に跪いた。落日への私の感謝は、私の魂のエジプトにも捧げられたのである。

以来、私はつねに太陽と死とを称えた――ナイル川の太古の岸辺で夢想にふける怠け者のはるかな末裔として。

5

もし私たちが私たちを感涙させた本を、息をつまらせたソナタを、断念を告げていた香りを、肉体と心の間で迷った女たちを愛するなら――事情は海についても同じだ。つまり私たちは、溺死が揺らめきめぐる海を熱愛するのである。

私が地中海に探し求めたのは、ポエジーでも荒々しさでもなく、また激しく打ち寄せる磯波でもなかった。こういうものへの欲望は、ブルターニュの岩山が満たしてくれた。だが、私が私の思考をそこに残してきた海を、どうして忘れることができようか。

凋落の海の冷酷な蒼のイメージを、私は感謝の気持とともにいだきつづけるだろう。その岸辺で、さまざまの帝国が、おびただしい魂の玉座が潰え去った海の……大気の不安が中断され、正午の麻痺状態のなか、波が消えて凪ぎわたるとき——私は地中海というものを知る。つまりそれは純粋な実在。内実なき世界、つまり非実在の現実的な土台。ただ無の現実態である泡だけがいっかな消え去ろうとせず、存在しようといまだに力を尽している……

私たちがどのような人間であるにしろ、沖へ出る以外にもう何もすることはできない。停泊の欲望をもたぬこと。非定住の目的は、海を汲み尽すことではないか。心のオデュッセイアの後には一片の波も残らぬようにするために。あらゆる本をかかえたユリシーズ。読書から引き出せる大海原への渇望、知の彷徨。あらゆる波をい、知ること……

6

美への信仰心、つまり仮象に宗教的敬意を捧げ、天上へのノスタルジーをいだかずに大地を踏みにじり、一切のものは潜在的には花であって絶対ではないと思うこと。

翼があれば私たちの足で自然を汚さずともすむのに、その翼のないことを一度も無念に思ったことがないなら、私たちはいまだかつてこの大地を愛したことはないのだ。この大地を発見し、そしてそれを私の靴底ではなく心のなかに感じ取ったとき、私はいつも星々が、そのとき空のことなど忘れていた血のなかで蠟のように溶けてゆくのを見たものだった。目を上げたところで無駄であり、私たちは、道を歩いているときは軽蔑している、あの大地との稀有な出会いの感動を知ることはないだろう——親愛な同情の、ひそかな苦しみの嘆き、心もとない抱擁！　天使たちよ、聖者たちよ、天空よ、君たちはただ過度に私の眼差しを疲れさせただけだった！

いまからのち、私は土塊《つちくれ》を敬うすべを学びたいと思う。目を下にそそげば、いましがた天空を眺めたときと同じような情熱の戦慄を私は経験するのだろうか。どんな悪行、悪行のどんな苦しみが、目を超自然的なもののなかに駆り立てたのか。宗教は目をその宿命から、つまり見ることから切り離す。キリスト教以後、目はもう見ていない。

教会のなかを爪先だちで歩く者は、庭園で唾を吐く者でもある――だが、官能をまじえた思考の悦びが感覚の神話を編み、感覚に寺院を建てるべきは、ただ枝の下に限られるだろう。

凋落を知らず、あるいは苦悩も開花のエクスタシーも知らぬ天空、この天空をどうしたものだろうか。私は、生を運命づけられた生きものの味方でありたいと思う。そしてまた同じように死を運命づけられた彼らとともに死にたいと思う。つねに燃えている星々よ、なぜ私は君たちに消滅について語ったのか。私は無を他の場所に、長く探しすぎたのか。だが、いまや私は、倦怠の吹きすさぶ世界に戻る。そしてその世界のなかを、私は罪に飢えた隠者さながらに歩むだろう。

7

移ろいゆくもの——ところですべてはそういうものだが——のなかに、私たちの感覚をもって本質と強度とを集めよう。実在をどこに求めるべきか。もちろん、あらゆる感動をおいて他のどこにでもない。感動にまで登りつめぬ者は、ある種の非-存在のなかに這いつくばっている。中立的宇宙などは虚構の宇宙ほどにも存在しない。世界を存在させるのはただ芸術家だけであり、事物をその非存在から救うのは表現だけだ。

私たちの経験から何を記憶にとどめておくべきか。名状しがたい悦びと苦しみ——しかし私たちは、これらのものにひとつの名前を与えることができた。

生は、私たちの感動が持続するだけ持続する。感動がなければ、生は生の残骸である。

私たちの見るものをヴィジョンに高め、聞くものを音楽の水準に高めよう。なぜなら、何ものもそれ自体としては存在しないのだから。私たちの震動が世界を作る。私たちの感覚の停止――世界の中断。

「無」が祈りのおかげで神になるとすれば、同様に仮象は表現のおかげで自然になる。言葉は、私たちがそこに生きている直接的な虚無の特権を奪い取り、虚無から、その流動性と不安定性とを奪う。さまざまの印象を形式のなかに――存在しないもののなかに凝固させることなくして、どうして印象の迷路から抜け出ることができようか。こうして私たちは、仮象を存在物と化するのだ。実在とは凝固した仮象だ。

肉の思わしからざる変調、血の聖書を思わせる抗議、切迫した死のイメージ、病気の危険な魅惑、こういうものも世界の燦然たる輝きから生まれる絶望の前では色あせる。たとえ私が、どんなに明瞭な、どんなに疼く私の苦悩を、私に帰順した物質の、どんなに確かな逆上を憶えているにしても、そんなものは、大地の粧いのたまものである法悦的苦しみの前では消えうせるだろう。そのとき、山の、あるいは海の孤独のなかで、ひそかな、あるいは音の沈黙のなか、松の、あるいは椰子のもとで、私の感覚と、そして感覚とともに世界は時間を超越し、私は美に浸りきった幸福と、美を失うのではないかとの確信に引き裂かれ、風景は、癒しようもない感嘆をさそう曖昧な、そして崇高な実体のなかに消えてゆくのだった。苦痛を与えぬものは醜さだけだ。高所を脅かしかねぬ仮象の魅力は、人間の優しさが案出したあらゆる地獄よりも衝撃的なものだ。私を世界から追放したのは地獄ではない——そうではなく、あまりに頻繁に地上の楽園に出会ったために、私の感覚が不運のなかで溶けてしまったからだ。絶対的瞬間の完璧さのなかにあるとき、なぜ儚さのささやきは、私を残酷な時間に連れ戻したのか。

そよぐ微風にアーモンドの木から花が散るのを見、そしてこの花びらの爆発の上に目が他のものを想像しないように、地中海の空がその枝の上に降りてくるのを見たとき——私は私で、瞬間の花びらを摘んでは、花びらよりも急激に時間の砂漠のなかに落ちるのだった。

快楽の終りへの不安は、私の官能の楽園に毒を盛った。なぜなら、快楽においては何ひとつ達成されるはずもなかろうから。世界の燦然たる輝きは肉の法悦よりも激しく私をえぐり、私は絶望よりも幸福ゆえに血を流した。

美の絶対的虚無における時間の不思議な稀薄化……自分の血をもって美への期待を養い、永遠の無益さの、心地よいうねりと輝きで期待を養うこと。私たちがそのために死にたいと思う仮象、生きる理由は、この仮象のなかにしかない……花びらは観念にとって代るだろうか。

時間は別の樹液を要求し、血管は別のささやきを、肉は別のまやかしを要求する……直接的な世界――何の役にも立たぬもの、だれの手にも届くところにある薔薇、精神のニンフたちがあえて摘み取ろうとはしなかった薔薇……

この世のうねりが私たちに、永遠をこの上なく甘美な消滅という形で提供できるというのに、なぜ私たちは他の世界に償いを探したのか。私は、あらゆる開花から陶然たる虚無を奪い取ろう。そうすれば、草原の花冠が私の眠りの褥になるだろう。そして、もう星々のなかに逃れることも、月の孤独のなかに避難することもしないだろう。

世界を美のニルヴァーナのなかに沈め、至高の仮象のなかで至高なるものに達すること。瞬間の泡のなかで一切であり、無であること。そして直接性と儚さのなかで、自分の縁《へり》に直立すること。

8

教義は力を欠き、教育は愚劣であり、確信は笑止であり、理論の花は不毛である。私たちの全存在において、魂の緊張を除いて生はない。生をして無くもがなの音楽と化し、かくして醜悪さを神託の威厳に高めることがないならば、私たちは、いったいどんな神秘のなかに自分を葬ればいいのか。この物質の神秘は、私たちの搏動のなかで鳴りひびき、そのリズムは不可解な音楽のなかに私たちを連れ去るのではないか。

だが、目覚めてしまえば、私は何を信ずべきかを知らない。美しい調べで悲しくなる――そんなことは私にはほとんどないが、しかし、こうして私が一切の信仰を失っているとき、なぜ生は私に変り、そしてそのとき、なぜ私はいたるところに存在するのか。

内的音楽の終楽章は、宇宙的アンダンテのなかでの融合である。観念のなかで雄叫びをあげていた嵐は静まり、地平を覆う静寂が晴れやかな不在のように過ぎ去ってゆく。

……私は、私の肉体の近くに自分の魂を感じ取ったことがよくある。魂を遠くに、信仰も場所もないものとして感じたこともよくある。突然、魂が舞い上がり、心臓の心地よい塒《ねぐら》から離れていってしまったとき、どうして私に魂のあとをつけることができたであろうか。感覚の轍《わだち》のなかをさまようのが魂の運命ではないか。それなら、私のついてゆくことのできぬ別の空間へ魂を駆り立てるのは何か。人間は魂を所有しており、魂を自分の意のままにし、魂は人間に帰属する。

私だけが私のもとにとどまる……

君の魂を、一瞬、観察するのを忘れてみたまえ。ほら、魂は空をめざして逃げてゆくではないか！　なぜなら、魂の性質は継母の性質だから。どんな魔法をもってすれば、私は魂を地上に結びつけておくことができるのか。魂の激情が儚い束の間の情熱にときとして満足することがありさえすれば、私は肉体のコルセットのなかに魂を抑え込むこともできよう……すこしでもぼんやりしていたり、何かに夢中になっていると、魂は別の世界へ逃げ去る。魂を空の果てに追放し、犠牲者として見捨てられた肉体のかたわらに私を置きざりにする、この突然の激情はどこに由来するのか。

そこには地上の絆を断ち切る凶暴な衝動があり、幸福を越えた幸福への渇望があり、天体としての消滅への、戦慄のなかでの破滅への、崇高な悔恨の泡のなかでの溺死への欲望がある。魂にひそかに芽生え、そして突然、魂を太陽以上に震えおののかせ、狂気の、生の彼方の生でもって魂を駆り立てつつ、その飛翔のあとに光の源泉を残すように仕向ける翼とは、どんな翼なのか。

私たちは何千回となく死にたいと思うだろう――ところが魂は、広大などこでもない場所で砕けるのである。

……私は魂の鎮静を風景のなかに、微笑のなかに、観念のなかに探した。だが、放浪者、魂は、こんなものなど相手にせず、世界の頂上をうろつきまわるのだった。してみると、奔出した魂が日々の非‐存在の近くにまで降りてくるのはいつのことなのだろうか。私に別の魂が、もっと虚しい魂があったなら！

9

私の内部に死にきれぬ悪魔のいることは分かっている。鋭い責苦で研ぎすまされた聴覚、こんなものは私には必要ではないし、血のヴィネガーの味をみる必要もない――いつまでもつづく嘆きを予告する沈黙、これだけで充分だ。危険を認めるために。もし私が横暴で屈辱的な「悪」に救いを求めると、悪魔はたちまち空に、脳髄に、城壁に登ってしまう――唐突で、手強い、破壊者の神。

君はじっと待っている。君は覚悟している。だが自分をどうするというのか。かくも多くの語られざるものに囲まれて、何を考えるというのか。沈黙をよぎるのはだれか。あるいは何か。それは君を、君の外をよぎってゆく君の悪であり、君の否定的神秘の遍在だ。

君の未来を考える？　君の悔恨に未来はない。そして君にはどんな未来もない。君の場所は、もう時間のなかにはない。そして時間は、不安をもたらす。そこで君は立ち去ってゆく。立ち去りながら、君は自分を忘れる。そして歩みつつ、君は他者だ——存在しない、ない、ながら、もう存在しないのだ。

10

孤独と自尊心、これが人間の二つの属性だ。そして人間がこの世でぶらぶらしているのは、この二つの属性を明らかにするためだ。ところがここに、存在に毒を盛る治療法の体系、つまり宗教があらわれる。なぜ私たちは宗教など考え出したのか。かくもおびただしい毒を分泌する必要とは、そもそも何か。

私は太陽を見、そして自問する、なぜそれでもなお宗教なのかと。私は大地を振り返り、大地の若葉と手を結ぶ。どうして大地を避けねばならないのか、私にはその理由が分からない。

たまたま私が空に向って逃げ出すようなことがあったにしても、私は、この世の苦しみが捨てきれず、矢も楯もたまらずに、いつもこの世に舞い戻ったものだった。この世の苦しみの気孔という気孔から理想が滲み出るようなことになれば、もう私には誇りに思う余地も悲しく思う余地もないのだから、私はこの世の苦しみを捨て去るだろう。だが、それが苦しみの生まれる場でありつづける限り、なぜほかを探すのか。

宗教は不幸から——生の価値をなす不幸から私たちを癒そうとする。孤独と自尊心とは肯定的な不幸だ。私たちを偉大なものにする、あの不在。

宗教にかかわりのないエクスタシー、これを除いて、私はいまだかつてこの世の芳しい無常など確信したことはない。私の心は世界の広大無辺のなかに溢れ出、どんな回答も待ってはいなかった。自分のなかにその力を汲む祈りのおののき。
私は不在の空に向って手を合わせすぎた——手は、いつになったら時間の甘く苦い無限へ向うのだろうか。粘土の内省のエクスタシー、ナルシシズムに病んだ大地……

人間が考え出したもので自我にまさる貴重な誤謬もなければ、重要な錯覚もない。人間は呼吸する、そして自分は類い稀れなものと考える。人間の心臓は鼓動を打つが、心臓は人間であるからだ。汎神論のなかで、どうして人間は直立していられようか。あるいは頭上に神を戴いて、どうして存在していられようか。どんな宗教であれ、宗教は人間が本性通り豊穣である妨げとなるだろう。

私は自分を救いたいと願った。ところが、人間のあらゆる信仰は私に自己否定を求めた。ヴェーダから仏陀、そしてキリストにいたるもののなかに私が見出したのは、私の必然性に対する敵だけだった。彼らは私に私の不在の償いを提供した。そしていずれも、私に自分を捨てるように厳命した。彼らであるように、あるいは彼らの神であるように、無のなかの無名者であるように私に厳命した――私の自尊心が、虚無においてさえ私の名前を要求していたというのに。

そればかりか、彼らはまた私に苦悩の克服をも命じたのである。だが、苦悩がなければ、生に味はない。つまり苦悩とは生の塩、存在の血であり、存在のもつ耐えがたいものなのだ。

愛し、同情し、期待し、自己達成をはたす――こんなことは、この世で痴呆にはなりたくない、絶対などという不毛の地平の下で乞食になどなりたくないと思っていた者にとっては、退屈の序列のようなものだ。

私の苦悩、それを他人にかかわって無駄にする？　つねに同胞をみつけ出し、さらにまた同胞をみつけ出す？　同胞の愚劣さを取り除くことが、彼らの下劣さを養い育てることが、そして彼らを軽蔑したいという私の羨望を萎えさせることが幸いだと？

自我とは苦悩を糧とする一箇の芸術作品だが、宗教はこの苦悩を鎮めようとする。

人間の高貴さは、おのれ自身の唯美主義者であることをおいてほかにない。人間は苦悩のなかにおのが卑小さの美を建立し、おのれを摩耗させながら美の実体を作り上げるだろう。

人間は誇り高く孤独であるがゆえに芸術である。人間の存在を称揚するには、大地は人間にとって空よりもずっとすぐれた口実だ。

宗教は内在する無の魅力を感じ取ることもなければ、仮象としての仮象を感じ取ることもない。自己内部における蕩尽も無益さの魅惑も宗教には無縁だ。そして大地も無縁だ。だからこそ、宗教が私たちに推奨する償いは、私たちを私たちの自我から、太陽の下の奇っ怪至極な開花であった自我から救出することにあるのだ。

個人の存在がかくも強烈な牽引力を発揮するのは、それが不均衡から生まれ、生の始源の富の不平等から生まれたものであるからだ。宗教は多様性をならし、個性をなくそうとする。償いとは人称代名詞の消滅のことだ。

私は、私の存在という、この偶発事を除いて、どんな絶対も容認しない。私がたまたま存在するからこそ、私は、私が存在するという幻想を私の至上の意味とみなすのだ。そして私は、この偶然を何ひとつ訂正しないだろう。

病みあがりの病人として生まれ、存在の病いから決して癒えることのない私たちは、どうしようもなく自分の内部にとどまる。そしてまさにそうであるがゆえに、私たちは人間なのだ。

どんなもののなかに沈潜し、溶け去るべきか――自然か、人類か、神か。いずれにしろ、私たちはまず第一に自分のなかに溺れたのだ。

私は自分が死んだ夢を見て、星々のなかに散乱している自分の骸骨を探したものだが、気がついてみると自分の「自我」の足許にいて、失われた自分の同一性を泣き悲しんでいるのだった。

夢に比べ、影は曖昧な存在の代替物を示してみせる。私たちがさまざまの世界を考え出し、天空をさまよいつつそれらの世界を見失ってしまったとき、私たちは何かを、普遍的な非‐存在のなかの存在の影――「自我」――である何かを望むようになる。

宗教は、私を代償に、幸福への狭い道を私に示した。だが、この世に存在するという幻想は、どこにも存在しないという安逸、天空に存在するという安逸よりも、はるかに人を勇気づけるものだ。

……そこで私は大地にすがり、救済を断念したのだ。

11

「真理は決して夢を見ない」とは東洋の一哲学者の言葉だ。真理が私たちの関心をそそらないのはこのためだ。真理の哀れな現実をどうしようというのか。真理は教授連中の脳味噌か、学生どもの偏見か、あらゆる教育の俗悪さのなかにしか存在しない。

だが、無限によって駆り立てられる精神において、夢はどんな真理よりも実在的なものだ。世界は存在しない。世界は、私たちの魂の懊が始まりの戦慄によってかき立てられるそのつど、創り出される。「自我」とは無の上の岬であり、「自我」はそこで実在の光景を夢みるのである。

私は存在と非‐存在の間に敢然とわが身を投じ、存在し、また存在しない世界の間をさまよい歩く。私が臆病者である限り、一切は存在する。だが、私は精神の騎士の甲冑に身を固めて、もって生まれた本性の畝《うね》をならし、幻影の種子を打ち砕く。

私たちは、私たちの目に触れるものを遠慮なく吸い込んだ。存在とは呼吸のための快適な設備のことではないか。存在はその反対物よりも好ましいものに見えるから、私たちは存在に慣れ、存在をいっそう快適なものと感じるのだ。私たちは存在をただ想像しているだけで、私たちの曖昧な覚醒の延長のなかで存在を生きているのだと知ったところで、どんな利益があるというのか。

それなら、空間の光を無償の消滅のように拡散させるのは何か。太陽か。そうではない。燃え上がる血の青い地《じ》の上に落ちる影だ。そして夜をきらめく星でちりばめるのもまた、燃え上がる血だ。

宇宙とは搏動の力学的きっかけ、心臓の自己暗示だ。

12

微笑は因果性の法則とは両立不可能だ。無益性のあらゆる魅惑はここに由来する。無益性の〈理論上の〉価値は、無益性を世界の象徴とする。原因と結果の相違、あるものは別のものの原因であり、あるいは別のものと実際上の関係をもつものであり得るという考えは、知的なものに対する凡庸な好みに満足を与える。ところが、私たちが物は存在せず、空気のような全体のなかに漂っているのだということを知るとき、物の関係は、物の位置についても本質についても何ひとつ明らかにするものではないことを私たちは理解する。世界は生まれもしなければ死にもせず、一点にとどまってもいなかったし、時間によって変りもしなかった——つまり世界は、目的なしに無限定な〈永遠〉のなかに寛いでいるのである。儚い永遠の、束の間の征服者である「自我」だけが、ときとして有益な間違いを犯すのである。

「自我」は影のなかを自分の明白な存在の重荷をもち歩き、自分をとり囲む白い虚無を実在でもって汚す。「自我」の夢みる力は、生きているように見えるさまざまの形象を樹液で満たし、樹液でさまざまの生きものを作り出す。というのも、生とは、不易の実在の決定的な虜である精神、自然に飢えた精神の一見解なのだから。

思考は、束の間、存在に夢中になった——そして私たちは存在することを誇りに思っているかのようだ。臆病と手を切った私たちは、私たちの重い、確かな足でさまざまの影を汚す。覚醒の瞬間、これが訪れさえすれば、俗悪な実在の魅惑は砕け散り、私たちに私たちの実際の姿を、つまり私たちの思考の描き出した幻影を見せるのである。

13

カリグラのことは分かっていると思うのは、私の自尊心の自分に対する追従なのだろうか。

カリグラの権威失墜を願い、彼の狂気を暴露したいと思っていたスエトニウス(2)は、ついうっかり次のようなカリグラ称賛の言葉をもらしている。「彼はとりわけ不眠に苦しんでいた。というのも、一晩に三時間以上は眠らなかったからである。しかもこの三時間の休息も完全なものではなく、奇っ怪な幻影に乱されるのだった。一度などは、自分が海の亡霊と話を交わしている夢を見た。」

またスエトニウスの報告によれば、カリグラは自分の妻、あるいは愛人の首に口づけするとき、自分の意のままに彼女たちの首をはねることができることを片時も忘れさせなかったということである。

私たちはだれにしても、不気味な皇帝たちだけが公然と口にすることのできる欲望を魂の泥のなかに隠しているのではないか。自分の愛馬を執政官に任命する。これは人間に対する正しい判断ではないか。

それに、かくも広大な帝国で、自分の同胞を信ずるなどということは悪趣味というものだったであろう。

倦怠の天与の才にそそのかされた怪物、頽廃期のローマの皇帝たちは、狂気のありとあらゆるスタイルを明らかにしてみせたが、これに比べれば、世のあらゆる審美家などは市《いち》の道化師のようなものであり、詩人たちときては影人形使いのようなものだ。
もし私がキリスト教徒の侵入するローマに生きていたなら、私は瀕死の神々の像の前で歩哨に立ち、あるいは皇帝たちのニヒリズムをわが胸をもって擁護したことだろう。デカダンスにはデカダンスに固有の魅力がある。つまり、デカダンスは歴史の倦怠に打ちひしがれながらも、栄光の虚しさを常軌逸脱によって、偉大さの凋落を狂気によって補おうとするのだ。この世のいずこにおいても、狂気の先駆者たちは血に浸ったのだ。

残忍非道な行為は同時代人にとっては倫理にもとるものだが、しかし過去である限り、それは一篇のソネットに盛られた苦悩と同じように見世物に変る。レプラでさえも、歴史に書きとどめられるなら、ひとつの美的モチーフになる。

私たちの生きている瞬間、この瞬間だけが崇高であり、無限であり、取り返しのつかぬものなのだ。

どうして私にカリグラの犠牲者たちに同情することができようか。歴史とは、悪逆無道を教える授業だ。過去の血の一滴も、私の存在する現在を乱すことはできない。そんなものより、不幸な皇帝の夢につきまとった海の亡霊の方がはるかに私の胸を打つ。

歴史は、キリスト教の迫害者に比べその殉教者に言及することはすくないが、これは不公平である。あらゆる報告書の伝えるところでは、ネロは生き生きとした、魅力に富んだ人間である。彼のことを想い出すとき、私たちは感動なしではすまされない。二千年間、悪しざまに罵られてきた点で、彼はイエスよりも非凡な人間である。

ピラトはたったひとつの問いを発したために、哲学者たちの間にそれなりの地位を占めている。つまり、哲学者たちはピラトの名前を引き合いに出しても恥とは思わないのだが、それにひきかえ、懐疑なるものを知らなかった福音史家のヨハネは、崇拝を越えて生き残ることはできなかった。キリスト教徒たちは、愛によってヨハネを片づけた。ユダはひとつの象徴となった。彼の裏切りと自殺は永遠の現代性を彼に与えたが、それにひきかえ、パウロ《ピエール》に残されているのは「教会」の一箇の石《ピエール》だけだ。今日、私たちはアンナス(3)とカヤパ(4)が正しかったことをみな知っている。彼らには別の判断はできなかったのである。オーバーアンメルガウ(5)の「キリスト受難」劇場で、私はキリスト教徒の、また非キリスト教徒の目で古風な芝居を観たことがあるが、醒めているがゆえに客観的な私は、「贖い主」を処刑した連中の肩をもたなかったように、「贖い主」の肩ももたなかった。アンナスとカヤパには個性があった。彼らはまさに彼らであった。もし彼らがイエスを理解していたなら、彼らは無力と断ぜられたことだろう。彼らの問いは、いかにも合理的なものであったから、「神の小羊」の崇高な、そして不正確な答えを受け入れることができたのは、ただ狂人たちだけであっただろう。

今日の、あるいは明日の、まったく別のキリスト教徒と同じように、私はイエスのために死ぬことはできない。イエスに熱狂することもできない。彼の犠牲はあらゆる結果をもたらしたが、また何らの結果ももたらさなかった。私たちはいずれも、これといって特徴のない者になった。キリスト教はいまや終りに近づき、そしてイエスは十字架から降りる。信仰から自由になった人間の前には大地が再び広がり、人間は――別の過ちの案出に先立って――天上の罰を受けることなく、地上のさまざまの愉しみを楽しむことだろう。

いつ教会がたんなる記念建造物となるか、ユダヤの血の象徴から純化された十字架が、いつ美的好奇心に無益にほほえみかけることになるか、その日を確定するのは困難だ。その日まで、私たちは私たちの魂を再生させつつ、信仰の息苦しい吐息をまだ耐えねばならない。

キリスト教が私の懐疑の上に重くのしかかるとき、豪華絢爛たる懐疑論と私たちを陶然とさせるアロマは、降って湧いた苦しみにつねにとって代わられる。キリスト教は私の呼吸を妨げる。それはむっとする匂いを発し、私を拘束する。その神話は使い古されてもう使いものにならず、その象徴は空疎で、その約束は無効である。ぞっとする錯乱の二千年！　その曖昧な反響《こだま》がいまだに残っているのは、魂の古くさい家具のなかであり、目張りをした窓の、死臭の淀む部屋のなかであり、生の埃のなかだ。私がどんなに取り乱し、私の不安がどんな袋小路に迷い込んだことがあったにしても、それは私の役に立ったためしはなかった。私は、ひとつの歴史が、遠い昔から隠蔽している無力のすべてをあらかじめ知りつつも、ついうかうかとキリスト教に救いを求めたのだ。

　キリスト教は——心地よい儚さの点でどんなに同情をさそうものであれ——いかなる種類の自尊心崇拝も知らなければ、情熱のどんな激化も知らず、自我の増大に対するどんな疑いも知らない。思考の昂揚によって導かれた苛烈な孤独のなかで、キリスト教の教えに従わねばならないなら、私たちは無個性のなかに消えうせ、他者のなかに崩れ落ちるだろう。キリスト教にはかくもおびただしい崩壊の芽があり、純粋な空気はかくもすくないのだ——それは山々のない宗教、低い丘の宗教だ。

　キリスト教が私に近づいてくるとき、私は、その有毒な発散物をくい止めるために、私の音楽の貯蔵所から音楽を汲まねばならない。私はキリスト教とはうまくやってゆけない。それは薬剤師の所帯のようなものだろう。

私は魂の病いに効く薬をさまざまの本に、風景に、旋律に、情熱に探し求めたが、それというのも、キリスト教の投与する薬が甘ったるい毒であり、そしてこの毒を呑む人間が、魂の病いがキリスト教にほかならぬことを知らずに死ぬからである。

『旧約聖書』の預言者ならだれであってもかまわない、これを一読するなら、私たちは突然、私たちの血が血管のなかで一段と活発になり、搏動が一段と激化し、筋肉が一段と張りつつあるのを感じ、行動に、戦いにすぐにでも打って出ようとする。『旧約聖書』には人間がいる。それにひきかえ『新約聖書』は、催眠性の聖油のような、べとべとした当てこすりによって、人を破壊的な魅力の虜にし無力化する。福音史家たちは、意志を、欲望を、自我を殺す技の達人であった。私は聖ヨハネとともに、人間の弱さを嘆いている自分を、あるいは浮気女どもで一杯の楽園ではしゃぎまわっている自分を夢想する。人類は、これほど長持ちのする、これほど涸れることのない、これほど曖昧なヒステリーの泉を知らなかった。キリスト教的失神において、人間は数世紀間というもの、おのれ自身の失神の辛さを忘れていた。だが今日はどうか。だれが、これ以上の退屈に耐えられようか。キリスト教とは人をいらいらさせる見世物、驚きも感動もない見世物である。そこでは何ひとつ震えず、生に飢えているもの、直接的な、そして人を力づける絶対に飢えているものは何もない。キリスト教の泉を飲んでも唇は乾いたままであり、私たちの崇めるあらゆるイコンは、他の地平の下でもっと執拗に燃え上がろうとする希望の、信念の、目の妨げとなることはあるまい。ヨルダン川の幻影は術策を使いはたし、もうそこには可能な蒼空はない。磔刑の臭気は空に散り、その流れは、もうどんな渇望を癒すこともなければ、どんな人間を満足させることもない。イエスの宇宙が、いまだにだれを捉えようか。

二千年の間、東洋の水薬が人間を香気で満たした。カトリシズム——ラテン的ユダヤ教——は、地中海の陽気さに消えやらぬ煤をまぶした。神々しい陽の光を浴びた地中海の岸辺で、カトリシズムはどうして〈花開く〉ことができたのか。キリスト教は太陽への反動だ。人間を生の泉から分断する――あらゆる宗教には、こういう曖昧な使命があるのではないか。イエスは素朴な「天体」にゆっくりとって代わり、そして世紀を経るにつれて、もっとも悪賢い幻視家どもの痩せほそった肉体が、無限と熱気とに飢えた視野のなかに席を占めた。人間が見ていたのは、もう陽気で官能的なニンフではなく、その涙を通して見ていたのは、甘美な虚栄心を公然と非難する一箇の釘うたれた骸骨だった。教理問答と聖書《テスタマン》は時間を追放し、人間を宦官に変えた。こういうものを読んで、だれひとりキリスト教の腐った永遠に嫌気がささなかったとすれば、それを知った太陽の悲しみはいかばかりであったことか！　その光の下に、たったひとりのキリスト教徒をさえ、いまだに大目に見るであろうか。

スペインの魂はみずからを意図的にカトリシズムに閉じ込めた。太陽と面《つら》つき合わせるのを恐れたのだろうか。太陽のなかに消えうせるのを恐れたのだろうか。

イタリアは、あり余る光で浅薄になるのを恐れて、さまざまの教会を建てた。イタリアにとってキリスト教は、イタリアを空から、幸いにも神を免れた大地の空から守る墓なのだろうか。というのも、大地の空、人間を殺さぬ蒼空、しかし人間が過度にいつくしむ危険のある蒼空が存在するからだ。キリスト教の疫病神は、この空から南国の人々を守った。そのかわりキリスト教は、危険でもあれば虚しくもある幻影のまやかしを彼らにもたらした。永遠の春に昂揚した彼らの想像力を、キリスト教は不可視の楽園についての与太話で養ったのである。

　キリスト教が存在しなかったら、南方の民族は幸福から逃れられなかったであろう。なぜ彼らは、この懲罰を甘受しなかったのか。二千年の間、彼らの目は何の役にも立たなかった。燦然たる輝きのなかにありながら、彼らは視ることなく生きたのだ。キリストは彼らに見えぬものをもたらした。花ではなく、もっぱら棘を、微笑ではなく、もっぱら悔悛を。世界の外観は苦悩の本質に姿を変え、過ち――虚しさの芳香――は罪に姿を変えた。さまざまの魅惑は悔恨に格下げされた。すべては倫理と化した。無益な存在の恍惚のためのどんな場所とて存在しなかった。

……一般の無関心のなかで十字架の木が腐り、例の釘が錆びてしまったのは以上のような理由からである。

14

私は生の果実よりも死の果実をはるかに多く味わった。といっても、死の果実を摘み取るべく飢えた手を差しのべたわけではなく、また私の飢えが熱に浮かされたようにいらいらと、死の果実を搾り出したわけでもなかった。それは私の内部で成長していたのである。血の庭園では、死の開花は官能をそそるものだった。私は魂のゆれ動く王国で忘却を夢み、非‐存在と安らぎの、凪の海を想像し、そして恐怖の汗でふくれ上がった波のなかで目を醒ますのだった。

たぶん私は、死の収穫をもたらす粘土でできているのだ。花を開きたいと思うとき、私が私の春に見出すのは死だ。無限と希望とを熱愛する私が日のあたるところへ出ると、優しい光の上を死が降りてくる。夜になると、死は音楽のように私の周りを旋回し、そして私は死の尊厳に魅せられて死ぬのである。

私自身はどこにも存在しない。死によって、私はいたるところに存在する。死は私を糧とし、私は死を糧とする。私は死にたいと思わずに一度でも生きたいと思ったことはない。生あるいは死、私はどちらに熱中しているのか。

15

事物が消滅する以上、自分もまた消え去りたいという欲望は私の存在渇望に猛毒を盛ったが、そのため私の息は、時間の輝きのなかにありながらも絶え、自然の夕暮れは、数かぎりない影でもって私を覆うのだった。そして私は、あらゆるもののなかに時間を見ていたから、あらゆるものを時間から解放したいと思っていた。

崇拝によって存在するものを永続させたいという欲求、過剰の心情によって存在するものをその自然の死の届かぬところに引き上げようとはやる気持、これは私には価値のある唯一の労苦のように思われた。私は、何であれ何かを憎まずに愛した覚えはないが、それというのも、私の魂のありとあらゆる情熱をもってしても、消滅の法則から何ものをも免かしむることはできなかったからだ。あらゆるものが存在して欲しい、それが私の願いだった。ところが、あらゆるものは私の儚い熱狂のなかにしか存在しなかった。私は世界を捉えることができなかったが、それというのも、世界は存在していなかったからだ。抑えられた涙は、この世の惨苦のために、不可視のもののなかにとどまることなく、役立たずのエクスタシーに絶望して、私の内部で死んでゆくのだった。なぜ〈楽園の門〉は時間の内部で繋がってはいないのか。私のなかにとどまる永遠がまったくないからなのか。

世界に対しては寛大でなければならない。世界のために自分の力を使い、浪費すること。世界はどこにも存在しない。それは私たちの行う浪費によって呼吸しているのだ。私たちの微笑がなかったら、花でさえ花ではあるまい。私たちが自分のもてる天賦の才を惜しむなら、自然はいじけて観念と化し、私たちの感情を抑えるならば、木々はもう芽ぶくことはない。実在が羨望する仮象、この仮象を養うのは魂だ。なぜなら、世界とは私たちの孤独の——外部における——変容なのだから。

神を神と化したのは熱愛だ。そして風景を絶対の影にするのも熱愛だ。ほとばしる感動によって、空は大地よりも蒼白になる。存在の魅力は魂の旋律で渇きを癒し、私たちは峡谷の底で星々の絶妙の調べを聴く。

私は、これまでの人生で数人の師に仕えた。そしてそれぞれの瞬間について、私は一種の彫像を作った。もし消え去った事物が、それらに寄せた私の熱愛のほどを知ったならば、事物は、ただ私を悼むためにのみ魂を手に入れたことだろう。この世のもので私の関心を惹かぬものはなく、また私は、この世のものを何ひとつけなしたことはなかった。だからこそ私は、熱に浮かされたように夢中になって、世界の空間に滑り込んだのだ。

大地の呼び声と歌は、大地の捨て去った思想のなかにまで聴き取れるのだった。私は使徒のようにイエスとともに神の裡に埋葬されたが、しかしゆきずりの女のどんなわずかな目くばせでさえ、私をたちまち時間のなかに繋ぎとめるに充分だった。裏切りの瀬戸際で、私は花々を摘んだ。すると、私の心は花々から離れつつも、すでに不可視の抱擁の下絵を描いているのだった。私が師と仰いだのは「父」であり、そしてたぶん「子」であり、「悪魔」と「時間」であり、「永遠」であり、そしてその他の破滅であった。服従の熱狂者、無益なものの奴隷、偶像への帰順者として、私は世界の多種多様な顔の前にひれ伏した。なぜなら、生成とは、私が一瞬そのなかで跪いた寺院、その廃墟に私が自分の足跡を残し、かつての充足の廃墟である自分の魂だけを保持した、寺院の連なりであるからである。

なぜ心は世界を救うことができないのか。なぜ事物を芳しい不易のなかに配置しないのか。

カルパチア山脈のとある麓で、ひとりの友人が言った次の言葉を想い出す。「君が不幸なのは、生が永遠ではないからだ。」

16

突然、宇宙が君の目のなかに燃え上がる。そのほのかな光は夜明けの星々を噴き上げ、魂の猛火が空を呑み込む。

どんな奇跡によって自我は空間の冷気のなかで熱くなるのか。そして君は、いずれも似たりよったりの時間に多くの生命を与えるためにどうするのか。

君は君の限界を全体にまで高めた――いまや、その重い記章が君の飾りだ。一箇の塊ではない世界では、何ものも君を押しとどめることはできない。

君は孤独だったし、これからも孤独だろう。永久に孤独だろう。物質の陽気さも健康の心地よい岸辺も感じぬ君の感覚から、理解できぬものが姿をあらわした。君の愛は運命の銘板に黒々と書き込まれた。どんな女とともにあろうとも、決して無限を忘れるなと。

逆境と不幸のなかで、おおいに楽しめ。寄生虫が群がるときは容赦するな。君に楽園の門を開ける鍵などひとつもあるまい。不運は、君の不幸の永遠の炎を見守る巫子だ。この始源の炎のなかに君の墓を掘り、生きながらにして自分を葬れ。なぜなら、この世のどんな欺瞞も君を運命に相応しいものにすることはあるまいから。愛とは宿命の至高の災厄、だから愛は君を運命に一段とはまり込ませるだろう。

自分自身の上にキャンプを張るのは容易ではない。世界の上に張るのはなおさらだ。なぜ私は自我の航海のための港ではないのか。だが、私は世界以上のものであり、そして世界は何ものでもない！

17

私は人間が書いたものを読んだ。そのページの間をさまよい歩き、その観念に目を通した。諸民族がどこに行き着き、精神の誘惑が諸民族をどんなに遠くまで導いたか、私は知っている。ある民族は極り文句の案出のために苦しみ、ある民族は英雄を生み出すために、あるいは倦怠を信仰のなかに抑え込むために苦しんでいる。いずれの民族もその富を使い尽したが、それは空無の亡霊を恐れたからである。そして彼らがもう何ものをも信じず、豊穣の欺瞞の火花がすでに生命力の支えを失ったとき、彼らは衰退の悦楽に、摩耗した精神の物憂さに、その身をゆだねたのである。

彼らが私に教えたもの――飽くことを知らぬ好奇心は生成の紆余曲折のなかに私

を引きずり込んだものだが——は、思想の屍体が影を落している淀んだ水にすぎない。私は私の知る一切のものを、無知の激発に負っている。私の学び知ったすべてのものが消えうせるとき、私は裸のまま、裸の世界を前にして、すべてを理解し始めるのである。

私はアテナイの懐疑論者たちの仲間であり、ローマのおっちょこちょいどもの、スペインの聖者たちの、北欧の思想家たちの、陰鬱な情熱をいだくイギリスの詩人たちの仲間だった——無益な情熱の放蕩者、一切の霊感に見放された、放埓の熱烈な信奉者。

そしてこんな連中からすっかり醒めたとき、私が再び見出したのは自分だった。私は彼らなしで、おのが無知の探究者として再び出発した。歴史を一巡する者はだれも、耐えがたくも再び自分に戻る。そして自分の思考の仕事が達成されれば、前よりもいっそう孤独な人間は潜在能力に無邪気に笑いかけるのである。

君が君の達成の道に就くのは、この世の快挙によってではない。瞬間に立ち向い、疲労を恐れるな。君の無知のなかに横たわる神秘に君を参入させるのは人間ではない。世界は君の無知のなかに隠れている。だまって無知に耳を傾けよ、そうすれば、君はそこにすべてを聞くだろう。真実もなければ誤謬もなく、物もなければ幻影もない。君の内部のどこかにくすぶっている世界に、姿をあらわす必要もなしに存在する世界に耳を傾けよ。すべては君の内部に存在し、そして君の内部の場所は、思想の大陸を容れるに足りるほど広い。

私たちに先立つものは何もなく、私たちに隣り合うものも、私たちのあとにつづくものもない。一被造物の孤独は、すべての被造物の孤独だ。存在とは、絶対的な未曾有事《ジャメ》だ。

自分の外部にあるものなら何であれこれを大目に見ることができる――かくまで誇りを失える者がいるだろうか。自分の前に歌がひびき、自分のあとに夜のポエジーがつづく――こんなことに耐えられる力が君にあるか。

時間の崩壊のなかに、ひとつの現存の奇跡のなかに、生きた世界の生成と破壊が私に見えないとすれば、このとき、私のかつての存在と現在の存在とは、かすかな驚きの戦慄にさえ近づくことはない。

18

昨日、今日、明日。こんなものは女中どもの使うカテゴリーだ。私は人間の小径を歩いたが、ほかの小径には出会わなかった。下男と下働きの連中。

彼らが頻繁に繰り返す失神、その重圧を見越して使う彼らの言葉を聞いてみたまえ、そうすれば君は迷いから覚めるだろう！

愛は陳腐な熱情のなかで大きくなり、知性の目覚めのなかで小さくなる。恍惚状態の愚行は簡単に反復されるが、それというのも、それはすべすべした脳髄のなかでどんな障害物にもぶつからないからだ。「生めよ、殖えよ」――これは、横臥の情熱には開かれてはいるものの、慎ましい快楽からは閉め出されている従僕どもの世界に向けられた命令である。

音楽を解さぬ人間は腹這いでエクスタシーに達し、悦びの呻き声を上げながら享楽し、脊髄の絶対の曖昧な本質を幸福と名づける。

……こうして私たちは人間どもの果てしない大群のなかをさまよい——昨日、今日、明日と一緒に——そして安売りの情熱の、即刻その場での陶酔に私たちを繋ぐ橋を探すのである。女中たちの用意はできている。そこで今度は私たちが踊りに加わり、他の連中となじみになり、成りゆきに従いつつ、自分の嫌悪感を忘れ、そして自分を忘れるのである。

19

パリの、南国の、バルカンの倦怠……

歴史の煤で古色蒼然とした家々の上に、ファサードの上に積もる時間の黴……私たちの気力をくじくパリの街、その街々の魅惑的な絶望に比べるなら、ヴェネチアには私たちを勇気づけるものがある。私はパリの街々を歩きまわる。すると、幸運の逡巡にもとづく一切の不安は、私には絶妙な均衡のように、この疲れきった都市の仲間として私が浴している名誉の称号のようにも見える。この都市で何を信じたらいいのか。人間か。だが人間は過去のものだ。理想か。理想など掃いて捨てるほどあったから、そんなものを信ずるのは没趣味というものだろう。そこで私はフランスのノンシャランスのなかに憩い、パリの倦怠の騎士をもってみずから任じているのである。

霧は思想の影のなかに町を包み、自然よりむしろ歴史の表現と化している。パリは霧の世紀に生きている。なぜ私にはルイ王朝下のパリを想像することができないのか。パリは、ひとつの本質ではなくひとつの瞬間を表現しているかのようであり、自然は歴史の黄昏に与っている。

私は家々に目を転じ、家々を見つめる。すると、どの家も私のほうを振り返る。そして「近づきたまえ、君は俺たちよりも孤独ではない」と、この、長すぎる夜と虚しい昼の友はつぶやく。イタリアの都市には人を惹きつけてやまぬ魅力があるが、しかし、人間に溶け合ったものから遠く離れていられる点で、パリにまさる場所はどこにもあるまい。

夜のため息を振り払い、夜おそく、希望もなければ幻滅とてなく、サン‐セヴランかサン‐テェティエンヌ‐デュ‐モンのほうへ、あるいはサン‐シュルピス広場のほうへ、望んではいない夜明けを待ちながらそぞろ歩くとき、私たちは人気《ひとけ》のない町とともに、沈黙の広大な無益性に向って高まる。ノートルダム寺院がセーヌ川に影を落しているところ、そこに乱れ茂る木蔦、その木蔦が私たちの内部のどこまで影を落しているか私たちに分かるだろうか。私はよく木蔦とともに、その物憂く垂れた枝々の溺れ死んでいるところへ降りていった。

そして真っ昼間、私は不在の暗示に動転して、私には生きる理由はないという思いを町の香気に助けられて振り払うのだった。魂の不治の病いを美の慰めのなかに包み、私たちがそこに生きている時間が生み出す空無を、漠とした魅力で満たすこと、これこそまさにパリの魅惑だ。この町は私たちのことが分かっている。私たちの傷を癒してくれる。私たちは自分を見失っていたと思っていたが、この町で再び自分を取り戻す。どんな人間も私たちには無用だ。この町がここにある。それだけで愛人の代りになれる。つまり、私たちはこの町に深く感動するのだ。ところで、奇妙な逸脱というべきか、ここは他のどこよりも人々の愛し合うところだ。もし私がここを去るようなことになれば、自分と別れるようなものだが、それほど私はこの町と一体だったのだ。

　暗闇が私を包むパリの路地、その路地の底から見上げたときほど空が遠くに見えたことはなかった。だが、大通りの上では、空は突然、町の上に広がり、物思いに沈む屋根の上で夢みている倦怠を果てもなく延ばしているのである。

　たとえ私が地中海の上に昇るあらゆる空を、ブルターニュ地方の荒地をぬらす濃い霧雨のすべてを再び生きなければならぬとしても、何ものも私からパリの想い出を取り去ることはできない。パリの魅力を定義したい、そう思うと私はつい利己的になり、自分のために、私はそれを、青であることの不可能性と定義する。雲が静かにちぎれて行く。蒼空の裂け目は見えるが、裂け目は交わらず、ひとつの空にはなれない——空は自分を探すが、空としての姿をとることはない。乱れた光線が薄暗い靄から洩れ、碁盤縞の空間のなかにのんびりと消えやらぬ尾を引いている。灰色と白の空間として、パリはつねに何かをぼかしている。空は別のところにあるのだ。パリに空はない。空を待ちくたびれて、私たちは光の靄のなかに紛れ込み、蒼空への欲望を裏切られたことを忘れ、見せかけの穹窿のみせる灰色の、そして気まぐれな変化のなかで迷い、ぼんやり彼岸に想いを馳せるが、自分が彼岸に憧れているのかどうかは知らない。パリのオランダの空……

　私は、パリの空とは人間を相手にするように、つねに折り合ってきた。私が目をあげて空の移りゆくさまを見ていると、空の気まぐれのひとつひとつは、私の苛立ちのひとつを表現しているのだった。空は刻々に変り、高度へのためらいのなかで形をなすかと思えば崩れる。雲と晴れ間の懐疑的悪魔。人間の夕暮れがこの町の上に降りてくるとき、私はよくひとりぼっちになったものだが、そういうとき、もし高い空が身近にあって私を慰めてくれなかったら、愛で責め立てるどこでもない場所で、どうして生きていけただろうか。空は花咲く秋、春の終りである。どんな空の下にあろうと、私たちはこの空を自分の内部にかかえている。

……そして白日の下での夕暮れに飽きて、私たちが春を求めて南へ下ると、青が幸福というものであることが分かるが、この幸福はしかし、青の過度の充満にたちまち毒を盛られる。同じような日々を、青の濫用を、無垢なるものの満喫を思いあきらめた奴隷である私たちは、自分の慰めの源泉を憎しみとともに悲しみをもって眺める。かくもおびただしい空、おびただしい冷酷な太陽、おびただしい燦然たる輝きの不気味な繰り返しの下で、どこに身を隠すことができようか。かくもおびただしい青の前に心がゆらぎ、純粋無垢な光の前に思考が萎縮するとき、倦怠の毒は仮借ない激しい輝きを和らげ、陰鬱な砂漠のなかに思考の細い溝をうがつ。このような空に釣り合った幸福を、どうして見つけだすことができようか。この完璧な空は、あやふやな想像力から生まれたすべての魂を殺す。

……こうして私たちは、大地が人間に劣らず卑しい場所へ、バルカン半島の腐敗のなかへ戻る。私たちはここで、芳香の陶酔を失い、お上品な思想を失い、大聖堂の陰ではぐくんだ夢を打ち砕き、腑抜けどもの耽溺する悪臭をたらふく吸い込み、そして精神の澄明な魅力を忘れるのである。

バルカン半島では、空の下に人間はひとりもいない。空は、そして空とともに人間も、はぐれてしまったからだ。生まれつき皺だらけで、目には隈を浮かべ、虚無に老いさらばえ、生まれついての無力に摩耗した被造物、どうして彼らはダニューブ川の岸辺に、カルパチア山脈の陰にとどまったのか。彼らはいずれも黒海の方に移動するが、この冷酷な海は彼らを砂洲に打ち上げ、無惨にも彼らから溺死を奪う。世界をたどる旅路はまだいくらでもあるのに、こんな惨苦のなかにどうしてとどまることができるのか。バルカン半島では、自然は屍骸の上に花を開き、春は絶望の上でほほえむ。どんな栄光の足跡も残らなかった暗い大地は、私たちの血のなかに昇り、そして血は黒ずむ。空に目をあげれば、空は地獄と化す。

呪われた世界の片隅よ、お前の恥辱は時間を嘲笑い、お前の不幸は、死の魅力をまたとなく好む繊細な心をいまだかつて感動させたことはなかった！　バルカン半島から見れば、世界は梅毒病みの女や、すぐにもドスを抜くならず者どものたむろする下町だ。

汚物を好み、死のトランペットの陽気な音に合わせて堆肥をかき混ぜるのを快楽としながらも、バルカン半島は、どんな好色の神も生み出すことはなかった。郊外を欲するどんな星が、バルカン半島に落下することができたであろうか。レプラのブランルを踊る騒々しいワラジ虫ども！

どんな純粋な叛逆者も、天上の照り返しにうってつけの地をバルカン半島に見出すことはあるまい。そこでは希望は錆び、情熱は気が抜け、不運は無際限に広がる。

『創世記』のどんな計画にも予想されず、神も知らなければ、悪魔も避ける、この世界の果てを敗走と苦しみの熱病のうちに走り抜けつつ、悲嘆に暮れた思考は、その他の空間の想い出に希望の死刑台を建てる。そして心のなかのすべての花は、その夢を絞首台に架ける。

20

どんな奇跡をもってすれば、物質のあらゆる偶然から構成された肉体のなかに、日々のいかんともしがたい偶発事への否定を持続的に芽生えさせられるのか。突然やってくるインスピレーションは、私たちの想像を越えて私たちを生の上に投げ出す。だが、私たちが首尾一貫したものであり得るということも、n番目の空の自分の位置にとどまることができるということも、私にはいかにも了解しがたいことであり、頑迷な贖罪の人よりも病みつきの飲んだくれの方が理解できるほどだ。仏陀とかその他の、崇高なものにつけ込んだ連中の書いたものを読むと、私たちは大急ぎで気付薬を呑みたいとしかもう思わなくなる。

預言者たちは自分を気の毒と思ったことはないのか。上昇の出口などありはしないのに、無分別にも坂の上を滑ってゆくのに不安を覚えないのだろうか。崇高なものには味はないが、それにひきかえ未達成のアロマは、失墜を暗示しては精神を惑わす。絶えず繰り返される変りばえのしない啓示、これが宗教をうんざりする仕事に変える。大地は、体系がないからこそ価値があるのだ。大地を踏みしめるとき、私たちは、どこにも踏みとどまるところのないことを確実に知っている。というのも、大地は海ほど快く私たちを迎え入れはしないからだ。思考の教師にして慈善家たる哲学者たち、不変性と信念とを追い求めるすべての者、彼らは大地を蔑み、他の場所に避難した。大地が偶発事の正当性を意味することを知っていたのである。それなら、むら気を放棄した以上、彼らは勝手に作り上げた楽園で何をしたのだろうか。

私は大地の上に自分の屍体を引きずり、大地にとどまるだろう。大地のほかにどこへ行けばいいのか。自分の怒りを、さらに毅然と、さらに激しく、どこで晴らすことができるのか。気楽な白痴どもに囲まれ、彼らの欠陥をおおらかに笑いのめしつつ、私たちは遠方へのノスタルジーを断ち切る。そして各人は各人のノスタルジーを軽蔑し、幻影と添寝をするのだ。不毛の大陸での無益な騒乱。

仏陀に完徳を断念させるために、悪魔は愛の練達の踊り子たちを彼のもとに送る。踊り子たちは欲望の三十二の魔術を実行する。しかしうまくいかない。次いで六十四の魔術が実行されるが、これも不首尾に終る。あらゆる魔法を使い尽しても、この幸福な男は動じない。

肉の虚しさをはじめ、多くのことを知っていた仏陀は、彼の教義の正しさを立証したであろうただひとつの過ちを犯すのを拒んだ。彼の教義において、欲望は大地を征服することができる。欲望を殺すこと、それは対象なき殺人を犯すことだ。

死を免れぬ肉にひっかかった神の王子のノンシャランス——これはまた永遠と虚無との結びつきにとって、なんという象徴であることか！　もし仏陀が誘い女《め》たちの誘惑に負けていたなら、彼の生涯の絶対的風景における、この曖昧なものの放ついっぷう変った趣は、彼の模倣者たちに彼を唯一のモデルとして示したことだろう。誘惑が無効に終ったことは、「生」——これまたひとつの瑣末事《リアン》、ただしはるかに実入りのいい——をもって、「無《リアン》」をごまかすことを拒否した、あのすべての幻視者たちを巻添えにする。

音楽は、崇高なものを抽象と単調さとから救うことによって、宗教にとって代った。音楽家は？　崇高なものの享楽家。

21

空が燃え上がり、その炎が人間の頭蓋を舐めまわさんことを！　空の平穏も、さわやかな魅惑も、月明りの下の色あせた微笑もない！　あるのは思考の悲惨な顔の上に移植された、狂った星々の嵐！

君が高所で稲妻と雷鳴を放つとき、なぜ何も動かないのか。君は公園の小径に木々の葉のこわばったおののきを見る。だが君の枝は、星々の火事のなかでぱちぱちと音をたてた！　君はどれだけの空を――あるいはどれだけの天を――君の内部に埋葬したのか。墓地の考古学者、あの失墜した多くの神々が光を懇願し、そして天使たちを――血に染まった翼が魂の木霊《こだま》のようにざわめいている天使たちを――懇願するとは？

転倒された偶像がそこに眠り、くだらぬイエスどもがそこに眠っている過去、そんな過去の上に私は身をかがめたりはしないだろう。不眠に青ざめた夜の、悲しげな幻影を目覚めさせたところでなんになろうか。私には十字架の上に、丘の上にそそぐ涙はないし、また束の間の復活に寄せる好みもない。逆に私は、世界の騒乱のなかで音楽の助産婦となり、空間の音の難破のなかに血の声をそそぎたいと思っている。太鼓の調子にすぐにもなろうとする搏動を、広大無辺と歌に飢えた肉を、どうしていまだに抑えようとするのか。

私が大地を渇望するのは小潮の上ではなく、怒濤に侵食された岩の上だ。

22

大胆不敵な精神は存在を破壊する。だが、破壊のあと、存在の残骸の上を歩む私たちの足取りは、なんと微妙なことか！　私たちは、貪欲な理性に蝕まれた、この存在の残骸に過敏に同情しながら、私たちの無謀を罰し、私たちのみだらな真実の探究を罰するのである。

一切のものを超然と見下ろし、悪意にそそのかされて、ときおり事物のなかに降りてくる思考、この思考の自尊心ほど水際立ったものがあろうか。向う見ずなあらゆる精神は冷酷でシニックであり、つねに疑い、つねに冷笑をうかべている。眺望を汚し、外観に毒を塗る遍在する悪意、私たちはこの悪意のおかげで向上するのであり、その結果、外観の断末魔を味わい、外観から無益な魅力を取り去ることができるのである。哲学者気取りのハイエナの憤怒のなかで、理屈をこねまわすジャッカルの妄想のなかで、認識は企てと化し、行動と化する。突然、君が飛翔をやめて、翼をたたんで下降し、君がその上を旋回していた実在に君の爪を立てる。精神とは鷲にして蛇であり、爪にして毒である。その深さについていえば、問題は精神がどれほどの傷を事物に残すかを知ることだ。捕食動物の本能は認識にあらわれる。君は一切のものを支配し、所有したいと思っており、もし君の手に入らぬものがあれば、それをこっぱ微塵にしたいと思っている。君の果て知らぬ渇望が天を貫き、君の誇りが観念の破産の上に虹を架けているのであれば、いったいだれが君の手から逃れられようか。

存在と存在の顔とを君が破壊し終ると、君の傲慢は和らぎ、君の足下に生まれた砂漠を悔恨で埋め尽くす。このとき、君は死物をいだいて人間になり始め、悪意は軟膏に変る。認識は実在を血で染める。精神のうぬぼれは、殺人者の空のように、実在の上に広がる。

　だが、私たちが大胆不敵な冒険から目覚め、目を潤ませつつ、私たちの真実への欲望が切り開いた外観の庭に思いをいたすとき、私たちはどれほど優しくなれることか！　私たちは私たちの腕のなかに、精神の矢に当った存在をかかえているのではないか。この矢を私たちは自分に投げ返す。私たちは世界と和解し、そして私たちは血を流す。だが、私たちの苦しみにはいかにも高邁な悦びがあり、悦びの不可視の翼の下には、私たちの危険な覚醒のあらゆる犠牲者がひそかに抱かれているほどだ。精神の悪魔的な逸脱の出口で、私たちは変容し、そして私たちの寛大さをもって、それなくしては生きることもおぼつかぬ、儚い魅力を辱しめたことを償うのである。

23

人間の無能力に苦しみ、時間が無駄に流れてゆくのを悲しむ者は、事物に強烈な内容を投影する稲妻に、どんな喜びでもって身をまかせることか！　世界の空虚に苦しむ魂にとって、復讐の固定観念は、口あたりのいい強壮剤であり、あらゆる瞬間の本質的要素であり、普遍的な無－意味の上に意味を生み出す熱狂である。高貴、名誉、情熱、こういったすべてのものへの憎しみから、宗教は魂に無気力を接種し、魂におののきと熱狂の再生を禁じた。復讐することで人間であろうとする人間の欲求以上に厳しく宗教に断罪されたものはなかった。私たちは本能の命ずるままに自分の敵を、悪臭を放つ動物のように粉砕したいのに、その敵に許しを求め、敵の平手打と侮辱に、馬鹿げた慎み深さからありとあらゆる頬を案出しては、それを差し出すとは、なんと常軌を逸していることか！

人間は不寛容においてこそ人間である。君が迷惑を蒙ったというのか。それなら君の内部に憎悪の火を燃しつづけ、君のひそかな恨みをはぐくみ、君の血管中の怒りを過熱させよ。そして、ときとして夜の豊かな安らぎに包まれていると感じるようなことがあっても、瞑想の心やすまる忘却に落ち入ることなく、和んだ君の肉を情け容赦なく鞭うち、君の敵対者の肉体に毒をたれ流せ。さもなければ、無味乾燥にすぎぬ生を生きながらえたところでなんになろうか。

敵はいたるところにいるだろう。復讐の観念こそは、永遠の炎を、絶対的渇望を保ちつづけ、そしてあらゆる快楽にもまして、君の年齢と希求を助長しては君を生きながらえさせるものだ。なぜなら、若くして悪意ある君、富と転覆とに飢えた君が、その抑えられた憎しみと怒りの衝動を復讐以外のどこに向けようというのか。

好戦的な民族が残酷で大胆だったのは、掠奪の誘惑にかられたからではなく、日々の単調さが耐えがたかったからであり、幸福という理想をもち合わせていなかったからである。血の固定観念は、果てしない倦怠と耐えがたい平和に由来する。個人も同じだ。平然たる欠伸に、つまらぬ快楽に悶々と苦しむことにどうして甘んじられようか。

積極的絶望を欠く宗教が私に指針をたれる幸せと来世、そして私に勧める平穏、こんなものは私には無用だ。私は自分とも他人とも事物とも折り合うことはできない。神についてもまたしかり、いや神についてはなおさらだ。この私が愚かな崇拝者として、神の冷たい腕のなかに身を丸めるというのか。とんでもない。盲信の老人のように、そんなところに住みつくことなど願い下げだ。この世界の棘の上、これこそ私には願ってもない塒《ねぐら》であり、そして私の感情が激化すれば、こんどは私が、「創造主」と、その被造物の肉体のなかの棘と化するのである。

私は血で血を洗う残虐非道のイギリスの過去が好きだ。イギリスの風習と文学にみられる海賊行為が、殺人におけるその悲壮な情熱が好きだ。これほど激しく血に染まったポエジーが、これ以上に野蛮で、この上なく背徳的で、誇り高くも犯罪的なインスピレーションをもつポエジーが他の国にあるだろうか。だが、この民族は、国会の議員席で、なんと嘆かわしい最期を遂げてしまったことか。攻撃の、掠奪の、発見の欲望を海に向けた、かつての海賊行為はどこへ行ったのか。

諸国家の栄光の時代は、冒険家、放浪者、郷愁をいだく故郷喪失者たちによって作られる時代であり、憎しみと復讐と名誉とが心を他の地平に向って開かせ、征服をもって存在の至高の目的としている時代である。イギリス人が残酷ではなくなり、大胆よりは平穏を、勇気よりは安逸を、陶酔よりは書物をよしとするようになるや、彼らは容赦なく、また厚かましくも衰退に陥り、投機売買に、へそくり蓄めに走り、民主主義に耽り、断末魔に陥った。彼らの生には理性が、国家と個人の飛躍を断ち切る、あの理性が定着した。確固たる民族とは、思慮深い人間とまったく同じように、破滅した民族だ。大悪党、ごろつき、大胆不敵な極悪人、帝国を樹立するのはこういう類いの人間であり、帝国を統治し滅ぼすのは代議士であり、イデオロギーであり、さまざまの原理である。

ナポレオンの桁はずれの言動は、沈着冷静な判断力にショックを与える。彼の統治下のフランスは、〈理由なく〉苦しんでいた。だが、一国は、ただ冒険によってのみ存在するのだ。かつてフランス人が情熱から、あるいは虚栄心から喜んで死んだ時代、パリの一逆説は最後通牒よりも重要だった。サロンが世界の運命を決定し、知性の背後には燦然たる輝きが照り映え、様式が権力渇望の世俗的開花となっていたのである。啓蒙の「世紀」は、力の無益な限界と権力への知的失望とを、ゴブラン織りと明晰性とで語っていた。

一国家は、それがみずからを保守し始め、そして憂愁と倦怠とを通して、もはや栄光と雄々しさに対する無気力しか見られぬとき、死滅する。

偉大さと無益さへの欲望は、民族の至高の存在理由だ。良識は民族の死である。

24

不運な民族の末裔よ、お前は運命の煽動者にどんな刑を与えることができるのか。あるいはどうすれば、奴を丸め込むことができるのか。ここカルパチア山脈の麓では、世界は人間など眼中になく歩み、太陽は水肥と卑俗のなかに溺れている。東洋と境を接するここでは、時間の奴隷どもの死の陽気さは、どんな理想によっても豊かなものにはならない。

目覚めたお前は、倦怠のあまりくたばる。子供たちの魂のなかで息切れしているお前の祖国、その苦痛にあえぐ祖国のあざとい虚しさは、お前を居酒屋から売春宿へ駆り立て、場末の恍惚に浸らせては、昔から変ることのないお前の国の苦しみを忘れさせ、いわゆる名所や中心地に戦勝記念碑のないことを忘れさせる。そこで、お前は酔い痴れ、跪いて祈るかわりに、悪態をつく。

かくもおびただしい非‐人間に欺かれて、お前は、林間の空地と果樹園を思い描いて、お前の生まれついた砂漠を裏切る。ワラキア人(6)は森の奥ふかくで侵略を避けた。お前は、森の奥ふかくお前の砂漠から逃れよ。

書き伝えられているところでは、私たち、ダキア人(7)と他の素姓不明の部族の末裔である私たちは、どんな思想の播種にも成功せず、また敗北者の血統から受け継がれた苦しみのロザリオには、私たちの血の滴が加えられるであろうということだった。嘆きと呪いとは、西方の星から切り離され、堕落を運命づけられた、私たち羊飼いの戦略だった。

生まれついての隷属状態は、おびただしい苦しみを嘗めた民族から栄光の炎を消し去る。この民族には誇りは無縁だ。理想の番人ならぬ、羊の群の番人である民族は、うぬぼれをさえ知らぬ。

天使のような素朴さと子供じみた確信が私にあるにしても、それでも私はこの民族の自信に満ちた子孫ではあるまい。私は生まれつき鼻がきく。そして私は、精神が喘いでいる国々で私の嗅覚を磨いた。だから、この奴隷の民族がみずからの運命を嘲笑するさまを目にすると、私の誇りは傷つく。この民族は決して岸辺に近づくことはあるまい。逆境こそが、この民族の運命だ。

この民族が否認するであろうさまざまの使命――そんなものをこの民族に案出することなどもう私の手には負えぬ。この民族の存在は、失望を蔑視するあらゆるものを傷つける。希望などというものはどんなにわずかな希望でさえ、狂気の沙汰だろう。預言はといえば、それはシニシズムの行使のようなものだろう。

この民族は心臓をベルトとさもしさで締めつけ、時間に足枷をはめて未来への飛躍を阻止しているかのようだ。

――いったい、この民族は何ものなのか、と熱狂した精神は尋ねる。世界のどこにもこの民族の足音は聞えないではないか……

――私の絶望のなかには聞える。

この民族のねじれた運命を立て直すのはだれか。天空でさえワラキアの沈滞にうんざりして、顔をしかめる。天空は、この連中の懇願していた恵みを冷然と投げ与える。つまり、この連中をあらゆる使命から切り離すのである。

どこを見、だれを誇りにすればいいのか。

不運においてはかり知れず、悲しく生まれついた者たちの悲しみをさらに悪化させるために創られた、しがない国家……腐るほどの栄光に恵まれ、もう未来など必要とせぬ国々の、疲れきった、薄暮の意識において、ワラキアの非‐運命は、魂の果て知れぬ闇に深い影をつけ加える。こうしてはじめて、この羊飼いの民族は、過去と現在のニネヴェを一巡した思想のなかにいまだに呼吸しているのだ。精神の秋の黒魔術において、昔ながらの羊飼いの杖が、これ以外のどんな目的に役立つであろうか。

……牧笛で生を嘆いていた祖父たちよ、あなたがたはもう私のなかには存在しない。あなたがたの歌は、はるかに幸運に恵まれた国々の逸楽に耽溺した故郷喪失者の裡に、郷愁の谺を目覚めさせることもない。あなたがたから遠く離れているわけではないのに、それでも私はたったひとりで死ぬだろう。そして私の骨は、私がどこで骨髄の名誉と脳髄のひらめきを失ったか、あなたがたに語ることはあるまい。

II

25

もし私が軍隊を指揮したならば、嘘いつわりなしに、つまり地上の、あるいは天上の報酬の餌ともいうべき祖国も、理想も、ぺてんもなしに、軍隊を死に導くだろう。私は軍隊に、生についても死についてもすべてを語るだろう。私たちは非存在の名によらなければ、ほんとうに人を励ますことはできまい。もし何かが存在するならば、どんなに小さな犠牲でさえ、取り返しのつかぬ損害となる。死は、生とまったく同じように幻影である。生死は損得にかかわりがないと知ってはじめて、私たちは死ぬことができる。

にもかかわらず、生と死を峻別しようとした何人かの偉大な指揮官がいた……

マルクス・アウレリウスを愛するのはむずかしいが、愛さないこともやはりむずかしい。夜、天幕のなかで死と生の虚しさについて書き綴り、干戈の喧噪のなかにあって取るに足りぬ生について思いをいたす！　人間的逆説として、彼はネロあるいはカリグラに劣らず奇っ怪だ。だが、この哲人皇帝は、もしストア派の学校に行かず、二流の教育で自分の感受性を締めつけることがなかったら、どんなにか偉大であったろうに。彼の奉ずる学説は、いずれも凡庸なものだ。物質と基本要素についての概念、原理となった諦観、こんなものはもうだれの興味もそそらない。体系は哲学者たちの死であり、そしてもちろん皇帝たちの死である。

彼のあらゆる省察のなかで、生きているもの、豊かなものは、その孤独の表現だけだ。一大帝国の支配者がだれひとり頼りにすることができず、最大の権力者に支配できるのは、自分自身の死の観念だけだ。マルクス・アウレリウスは、デカダンスの異様性のまぎれもない象徴であり、文明の黄昏の放つ魅力の象徴である。

現世のすべてが自分のものだというのに、彼の隠れ家といえば、取るに足りぬものだけだ！　もし彼が学説などに首を突っこまずにギリシア悲劇に就いていたなら、人間の精神は、どんな感嘆符を書きとどめたことだろうか！　私たちは、ストア主義に余儀なくされた彼の慎しみ深さに困惑する。もし彼の師匠たちが、教訓のコルセットで彼をしゃちこばった人間にしなかったら、戦闘につきものの絶望が、まやかしの良き意志でもってそれを否定する思想に、どれほど混り込んだことか！

　マルクス・アウレリウスは、戦士である限り、虚無を自覚してはいなかった。私たちは、なんという奇っ怪なポエジーを失ったことか！　色あせた知恵が、生に神秘的な魅力をもたらすさまざまの矛盾から彼を守ったのである。このローマの皇帝にあるのは過度の容認であり、過度の諦めであり、思考の極端さに対する過度の気後れである。つまりは、過度の義務である。彼は征服への軽蔑におとらぬ征服への欲望をもって、いくつかの軍団を栄光に導いたが、その軍団の先頭に立つ彼の姿を思いみなければなるまい！　情熱に、それに対立するものの試練を課するとき、私たちはまぎれもなく生きている。毒を呑まなかったら薬も呑まぬこと、またこの逆。坂を登るときは、同時に下り坂の対称点にあること。したがって、存在のどんな可能性も私たちから失われることはないだろう。

26

「倦怠」は、私たちのあらゆる問いに同じ答えを返す。つまり、この世界は外気にさらされていると。

そこで、私たちは倦怠にさからって一切のことをなす決心をする。

新しきものは、私たちの裡にしか存在しない。事物のなかにも、生きもののなかにも存在しない。実在とは、さまざまの仮象の夢幻境であり、さまざまの仮象は、私たちの歌が仮象の舞踏のリズムに一致する限り私たちを魅了する。私たちが共謀しなければ、生と名づけられた光景の上に漂うヴェールは引き裂かれ、私たちの視界を曇らせた幻影で残るものは、綿玉のような切れ端か、せいぜい夢のような実在の影である。

このヴェールを引き裂くこと、これが倦怠の役目だ。私たちの燃えさかる想像力のなかにだけ存在する虚構の世界を、このヴェールで覆いつづけるほど強く、私たちは歌うことができるだろうか。

私たちを取り囲むすべてのものは、私たちの内的音楽に由来する一種の装飾的トリックである。

この世界の背後に、どんな別の世界が潜んでいるわけでもないし、また無は何も隠してはいない。宝を求めて、つるはしで掘ったところで詮ないことであり、私たちの発掘作業は無駄だろう。黄金は精神のなかにばらまかれているが、しかし精神は黄金などというものではない。無益な考古学に生を浪費するのか。痕跡はない。だれが痕跡を残したというのか。無は何ものをも汚しはしない。地下などないというのに、どんな足跡が地下にあるというのか。

仮象の波の上の舵手となり、深部の使者にはなるな。海上あるいは深海ではどんな場所も、君がいまいる場所以上に深部を君に知らせることはあるまい。ところで君は、どこにもいない。なぜなら、どこでもないところとは広々としたいたるところだから。

眠りの泡である夢、その夢は、昼間のつらい仕事と同じように見せかけのものではない。それはすべてのもののなかにある。夜の漠とした幻影が、人間たちの争いから生まれる亡霊どもを、どうして嫉むことなどあり得ようか。世界のさまざまの顔は、いずれ劣らず人を惑わす。

幻影のような宇宙のなかで情熱をはぐくむこと——人間を、その評判にたがわぬものにするのはまさにこれだ。

だが、君は君の道を行け。そして興ざめした太陽のように、君のもっともしごくの憤怒の光線で君の道を照らせ。

27

生まれつき行動にも実行にもまるで向いてはいないのに、どうしてかくまで強く自己実現を望むのか。怠惰を咎むべきものとは思ってはいないのに、君を直接的行動に駆り立てる、この熱狂はどうしてなのか。時間においてすべては虚しいと知っているのに、時間を浪費すると、どうして悔恨に襲われるのか。

永遠にとって、各瞬間はなきがごときものだ。世界のあらゆる十字路で、非‐存在の接近が君を脅かす。君が延期するものは、永遠に延期される。死は現存しており、そして君は、可能事の決定的な排除である死のなかに潜在性としてとどまることはできない。

この致命的な接近に追いかけられていないなら、私は私の諸感覚の記憶するものに何ひとつつけ加えることはないだろう。そして残された全生涯を老いてゆくに任せるだろう。死の呼び声の聞えぬ者には無限の時間がある。だから、そういう者は何ひとつ成しとげることはない。各人の個人的達成をはじめ、あらゆる達成は、死の固定観念によるものであり、この観念が意志を強固にし、情熱を煽り立て、本能を解放するのである。激しい熱狂は、死の発する儚い反響《こだま》である。もし私が、死に絶えず死命を制せられ、猶予もならず、お手あげ状態であると思わなかったら、私は何も知ることはないだろうし、また何も知りたいとも思わないだろう。私は何ものでもないだろうし、また何ものにもなりたいとも思わないだろう。

だが、私は死がそこにあることを知っている。私は死を見る。私は死を避け、また死を探す。私は死であり、また死ではない。私の内部の傷は死の化膿だ。ところで、私は一箇の傷にすぎない。

不眠の旋律の上を漂いながら、私は朝の黄色の光と目覚めをためらう事物とを垣間みたことがよくあった。日の光から決定的に遠ざけられていた自然に向って、小鳥たちがわけもなく囀っていた。私の思考も囀っていたが、しかし後向きに、夜に向って囀っていた。このとき、私は死の紫色の輝きを見たのであり、そして私は、束の間の夜明けのなかに無益にも四散し、朝の存在を信じようとしたのだった。

……もし私が私に何かを教えてくれたすべての人々のことを想い出すなら、彼らの魅力の秘密は、私には死との親昵によるものであるように思われる。彼らはつねに周辺に存在していたから、認識の自然の場にいたのだ。彼らの声には、物質の凝った断末魔が、はかなくも悲痛な運命とともに看て取れたし、彼らの言葉は、重々しくかつ無益に、力強くかつ苦くひびいていた――最後の開花を迎えて崩壊しつつあるさまざまの概念。熱気というものを私がみつけたのは、ただ彼らの魂のなかにだけだった。思考の芳香が、挑発的な香りをたたえた警句が彼らから流れ出るのだった。彼らはどんな国にもいなかったが、しかし同時に、あらゆる国々にいた。なぜなら、病いと生命力との混合は、不思議なことに、自然の構成の転倒にゆき着くからだ。生命の発芽のなかに隠されている病い――観念における、秋と春のなんという共存か！　季節のなかに冬眠しなかった者、私が愛したのは、こういう人々だけだ。彼らのそばで、彼らと同じように死に包囲されて、私は精神の風土を忘れ、彼らとともに精神と化したのである。

28

人間は生きることを恥とは思っていない――私は、この事実をとうの昔から知っている。人間の自信たっぷりな足取り、その探るような、それでいていささかも苦しそうには見えぬ目、直立したミミズのような傲慢な物腰、こういうものに接するにつけ、私はつねづね驚かないわけにはいかなかった。私は、人間が大地に感謝の気持をあらわすのを見たことがないし、自然が季節ごとに人間に恵む果実の前に、優しい敬愛の気持をいだいてひれ伏すのを見たこともない。敬愛は孤立によって生まれる。平凡な人間某々氏が、もしその力を恋の煩悩に費し、ビロードのように心地よい世界を踏みにじるだけの幻想をもっているなら、彼らは永遠のものと化するだろうに！　だが、そうはゆかぬ！　人間が通ったあとに残すのは、災厄と外観の歪曲だけだ。人間に空間を満たし、空を鞭うつことを可能ならしめるような熱気を、私は人間の裡に見出したことはない。複数の人間のものである生は、共同のエクスタシーのなかでのみ耐えられる。ところで、この世でエクスタシーほど稀れなものはない。

太陽は私たちを暖めるために輝いているのか。夜は私たちを眠らせるために、私たちをうっとりとさせるのか。海は私たちを魅惑するために波うっているのか。効用がこの世界にあらわれて以来、世界はもはや存在せず、すでに呪縛を解かれている。ただ敬愛だけが事物を事物として尊重する。そして生は、それが惹起する苦しみによる、幸福の涙がなかったら、生ではあるまい。私は、死の舞踏の騒々しい音に気をそそられたとき、生とともに、生の偽りの高地に登った……私が口づけをしては私の涙で濡らし、軽蔑しては私の血で濡らした大地、この大地は、どうして私を呑み込むことができようか。墓のほかに永遠なるものをもたぬ大地、その大地の下で私は腐りはてなければならないのか。もっと純粋な腐植土のなかへ墓地を運び去るのは、どんな地震なのだろうか。

……こうして君は、目的など眼中になく、存在理由だの達成だのに嫌悪を覚えつつ、同じ情熱をいだいて、生誕に、青春に、死に、虚無に、永遠に足を取られながら歩いてゆくことになる。君がどこへ行こうと同じようなものだ。君の情熱が時間を断ち切ったとき、君は、永遠と言い、時間が君の情熱を抑えたとき、君は、無と言う。

君の血管が熱い息吹にふくれ上がると、君は希望に震え、生、青春、とひとりごつ。そして震えおののきつつ、愛を、未来を思いみるのだ……あるいは、君の血管の運ぶものが、思考と秋の微風と悲痛な沈黙に限られるとき、君は、死とひとりごつ。すると、時間のありとあらゆる茂みは、君の魂のなかでもつれ合う。

　こうして君は君の役割を、つまり、外観の熱烈な愛好者という役割を理解する。熱狂の病者である君は、あらゆるものに執着するかと思えば、同時にまた、あらゆるものを放下しつづける。そして状況に応じて、軽率に、あるいは用心深く、君がその身を捧げた、厖大な仮りそめのものをちびりちびり齧るのである。

29

　私の損われた脳髄が夜の情熱の病いに苛まれることがないなら、私は眠りに終止符を打ち、闇の上に春をそそぐだろう。だが私には、夜の芽生えのための充分な樹液がない……私は自分と面《つら》つき合わせつつ、静かな夜の芽生えを無益に見張っていなければならぬことがよくあったが、されればこそ私は、形をなさぬ思考に血迷ったのである。

観念の砂漠のなかで、感覚の無声の零度のなかで、私に何が案出できようか。こういうとき、血がたぎり、そして血が魂となるために私たちが欲するのは、疲れた肉に嚙みついている架空の動物だ。

夜よ、情熱の毒よ、私たちの傷のなかで死ね。君は血を流しているのか。それなら、夜明けを待ち伏せよ。そうすれば、太陽は君の内部に巣を作るだろう。生きとし生けるすべてのものは、光に対する、その戦いの苦しみの激化から生まれる。昼は？　私たちのさまざまの悪行の健康。

夜明けのデカダン、、、……

30

多くの事物を知ることにうんざりし、事物の解明にはなおのことうんざりしている君は、言葉を雷鳴に変えたジュピターを羨む。

紙の上に声を、言葉のなかに神秘を書き込む！　精神は魂を説明したいのだ。これこそ人間を定義し、かつ文化という内容をもつ、たちの悪い過ちだ。

解釈という病い——潜在能力と音楽に対する犯罪……

私たちがしゃべるのは、私たちの重荷から自分を解放するためだが、しかしこの重荷があればこそ、私たちはよりいっそう存在しているのだろう。書かない者、自分について書かない者は、もとのままの状態に存在しており、無限に現存している。

精神は可能事を腐食する。私たちが文化と呼ぶものは、私たちの源泉の否認だ。この世界に存在しないものは、言葉によって、私たちが自腹を切ることで、存在するものとなる。表現は、表現者の屍体の上で出産する。君が語ったものは、もう何ひとつ君のものではない。そして君自身にしてからが、もう君のものではない。

私が理解した夜はどんな夜も、もう私のものではない。どんな愛にしても同じだ。

31

私を取り囲んでいる肉が私には見える。私の肉が、そして他人の肉が私には見える。優しい、いじらしい屍体。精神に熱いものと冷たいものとを教えるのは肉であり、観念に蛆虫をたからせるのも肉である。

儚い無限のイメージは、不死への道に就いた、純粋この上ない省察によって私たちに提示されるが、この儚い無限は、不死の予期せざる跳躍ではない。肉のなかには、みごとなまでに腐敗したものがある。触知することのできる、一種たくましい仮りのもの。諸感覚にさらけ出された、死に瀕したひとつの絶対。涙のなかの快楽、快楽のなかの涙、これが肉の秘密のすべてであり、肉の実体のすべてである。私は気まぐれ次第で、肉をここに、いとも身近に、いかにも儚いものとして感じ取る――次いで私は、肉がくたばった夢として、かつての存在のワニスとして、死んだ叛逆者たちの想い出を浮かべるべとつく冷笑として、愛の沸き立った、消えうせたアジール。その地下の巣のなかに、紫色の、緑色の身を横たえているのを見る。

生きるとは、悪感を覚えることだ。そしてその上になお、何がしかの希望をもつことだ。自分の肉体を踏みにじり、不可視の堆肥のなかで巨大な非‐存在を稔らせつつある思考の下に群がり、身をくねらせている蛆虫どもの胚を押しつぶす、おお！　そんなことは願い下げだ。私は蛆虫どもとともに、やつらの大地の上を、やつらの生まれた空間のなかを前進するつもりだ。

さまざまの宗教は〈欲望の病い〉と闘うが、私は、この病いをいかにして癒すかを知るだろう。肉の致命的な障害に、肉の途方もない悲しみにけりをつけるのは、この私ではあるまい。私は蘇った犠牲者として、肉の悲劇的な伝道をつづけるだろう。私のかたわらで、私の内部で、何よりも私のものであるもののなかで、肉が遺棄に対して闘っているというのに、どうして空など見つめていられようか。

物質と化した嘆息！　受肉した叫び――人間の肉体は、これ以上のものではない。

そうであればこそ、人間の肉体の関節から漠とした嘆きが洩れるのであり、悲痛な声が骨の軋みに忍び込んでは、おのずから萎えて消えうせるのである。私たちは冷たくなってゆくにつれて、墓石を、おびただしい不在を感じ取る。この廃棄物のなかには、淀んで腐った、その血のなかには、さまざまの欲望が忍び込んだが、いまやこれらの欲望は地獄の輝きとなってふくれ上がる。この冷たい廃棄物は、どれほど狂気じみた愛の衝動をも氷塊と化し、この熱い廃棄物は、嫌悪感とみずからの虚無を愛に仕立て上げる。そんなわけで私たちは、人間の肉体を同情をもって愛するようになり、そして人間の肉体とは、なんと寄る辺ないものであるかと考えつつ、その儚い機能を——肉体に対して寛大な肉体として——慈しむようになるのである。

32

ワラキアの運命。

君の精神を奮い立たせるには病気など要らぬし、君の脳髄の眠りをゆさぶるには不運など不要だ。非‐運命を余儀なくされた君の民族をとくと観察してみたまえ。そうすれば、君が君の魂を楽園の目録とみなしても無駄であろうし、君にはもう自分を慰める力とてないだろう。君の幸福の下には、猛り狂うオウギワシの爪よりも鋭く残酷な棘がついてまわり、その棘に、君の忘却の平穏は血を流し、そして先祖とてない君の血のなかには、レプラの、限りなく前兆に富んだ液体が滲み込むことだろう。いわゆる人間どもと肘を接し、ダニに食い荒された理想の亡霊どもに寄りそい、汚れた衣類のように積み上げられた失望にはまり込んだ君は、生が諦観の下水に変り、そして生成が滑稽ななりをした宇宙の屍体に変るのを見るだろう。過去をもたぬ民族の未来を殺したのはだれか。

君がどこへ行こうと、この民族の呪いは君につきまとい、君の不眠に毒を盛り、君は、この民族のために苦しむことだろう。数世紀にわたって、この民族の運命を消し去った鬼婆どもを憎んだところで無駄であり――不幸な国に生まれあわせたという君の思いは、宇宙をもってしても癒されることはあるまい。血管のなかを流れるワラキアの不運は、パスカルの深淵に匹敵するものであり――その不運に身動きならぬ君は、否応なしにヨブだ。意識をもつ人間にして同時にワラキア人、運命が君をこういうものにしてしまった以上、レプラなどまったく不要だ。二重の悲劇には結末などあり得ない、その筋書きは、はなから挫折しているのだ！

せめて君に、この不運を軽蔑することができればいいのだが。だがそれは、軽蔑するにはあまりに強烈であり、君の皮肉の棘を殺《そ》ぎ、君の微笑を、君の知性を消し去る。君は熱意のほどを身をもって示したいというのか。でも、どうやって？　そこで君は考える、俺の国は底の浅い墓だ！　と。そして君が取り返しのつかぬものの力を軽減すればするほど、君の苦しみはますます募るというわけだ。ルーマニア人はすべて時間の徒刑囚だ。

君はサロンで君の同胞のワラキア人を、そして粗野な博労然たる、彼らの甘ったるい冷笑を見分ける。敗北の千年は、不毛な術策にたけた、思い上った卑劣漢どもを生み出し、そして日々の労苦に打ちのめされた百姓には、もっぱら畑と安酒にのみかかわる世界観を——誇りもなしに死者たちを見守っている、ねじれた木の十字架にのみかかわりのある世界観を生み出した。村の墓地は、国全体の象徴となっているが、それというのも、かつて生きていた者たちの想い出が、かくもおびただしい雑草——忘却の豊かな証拠——の下で消え去らずに残っている場所は、世界のどこにもないからだ。ローマはこの民族に、その血の一滴すら残さなかったのか。なるほど、多少のラテン語を残しはしたが、自尊心の、気高さの、力の痕跡は何ひとつ残さなかったのではないか。私たちは、ローマの奴隷にこそふさわしいのではないか。ローマのどん底の下層民でさえ、私たちのこの地上の滞在に軽蔑の念しかいだかなかったであろう。

私が自分の国を想い出さざるを得ないのは、いっそう深い絶望を必要とし、なおいっそうの不幸を欲しいと思っているからだ。私がルーマニア人なのは、人間の条件に存在する自己-侮蔑の本性のしからしめるところだ。私がルーマニア人であることを肯定するとしても、それはそれをひけらかすためではなく、自分の責任ではない災厄のなかにとどまっていたいと願っているからであり、自分の自尊心を私たちの非-存在という暗澹たる事実で覆い尽したいと思っているからなのだ。ルーマニア人ならぬ他の人間は存在するか、あるいは存在しない。だが、私たちほどにもわずかに、辛うじて存在している人間はいない。私たちほどにも辛うじて！　指小辞こそは私たちの神だ！　死でさえそうであって、それは私たちの限りなく小さな〈カルパチア-ダニューブ空間〉において、凡庸なものなのである。

私たちが私たちの国をいとおしむのは、祖国が慰めの源泉ではないその限りでのことだ。祖国がすくなくとも破局のひとつの原因になったなら！　不幸においても、私たちは祖国に寛大でなければならず、祖国の力には余る災厄を祖国の功績として認めなければならない。馬鹿げた話だ！　こんな私の考えなど絞め殺せ。

どんな悪しき宿運が私たちの生まれを封印したのか。そして運命をもたぬという恥辱を一挙に私たちに押しつけたのは、いったいどんな印璽だったのか。偉大さのどんな王冠とてワラキア人の頭蓋を飾ることはあるまい。この、栄光この上なき民族の末裔と考えられている民族は、頭を垂れたまま、その賤しい運命を甘受している。この、放蕩の奴隷である末裔は、人間はおのが情熱を爆発させ、おのが自尊心を錯乱させて太陽を辱しめてはじめて、その目的を達成するのだ、ということを知らない。隷属状態は、バルカンの怯懦がそのなかでもがく水溜りであり、口実もなければ気高さもなく、また悪徳とてない悦楽のなかに寝そべっているヨーロッパの片隅の、快楽の泥沼なのだ。

なぜ神は広大な自然を私たちから奪い取り、無益にも私たちの背骨を曲げさせては私たちをからかうのか。

私たちの諸侯《ボイボド》を称えて、一羽の梟が啼いていた……

……その不吉な前兆の谺を、私はセーヌ川の岸辺で、逝った運命の真価のほどを私によりよく思い知らせた、おびただしい栄光のただなかで聞く。

33

私は生に何度となく別れを告げた。私は内心ひそかにつぶやいたものだ、「存在は一種の決闘場だ。お前はそこで何をするというのか。そこにはお前のための場所はない。すべてのものから自分を切り離し、かつての自分の存在を諦め、さらに潔く、あり得たかも知れぬ自分の存在を諦め、お前の肉体を、衣服を、かつての信仰をずたずたに引き裂き、希望の殺し屋であるお前の頭蓋の髪を引き抜き、丈夫な片方の腕で関節をはずし、お前の存在という偶発事の想い出を消し去れ!」と。

……だが、私が行為に及ぼうとすると、私の心は答えたものである、「お前は何よりも自分の残骸が好きだ。たとえお前が最後の欲望を押し殺し、あらゆる者から、お前自身からも遺棄されて、時間のなかにも永遠のなかにも息つく一瞬すら見出すことがないにしても、それでも私の内部には、ひとつの渇望が、どんなにお前がもう生きたくないと思っていても、それによってお前の生きる渇望が痙攣しているだろう。お前の思考と他の悪魔とを潤したお前の血は、お前がかつてなくお前自身から遠ざかる瞬間、私の砂漠に侵入し、私をお前の絶望の耕地から春の庭に変える。そして何度、私はお前の最後の春であったことか！」

私は、一箇の肉体に漠然と支えられている私の思考をずたずたに引き裂きたかった。そしてこの恥ずべき衝動を抑えるどんな障害もみられぬとき、ひとつの声が深部から立ち昇り、生きたいという私の欲望を明らかにするのだった。おのが幻想の殺害者、虚無の使徒であった私は、致命的行為の接近に及んで、たちまち世界放浪の信奉者に一変し、おのが悪癖の小姓に一変したのである。

わが同胞――彼から首尾よく逃れるためには、そのあとをつけるにしかぬ、あの同胞――に汚された街々をさすらい、町の倦怠と時代の大通りの狂乱に屈して、私は自室に帰ってきたものだ。すると孤独な私の部屋で、部屋よりももっと孤独な私のベッドで、私の思考の亡骸が呻くのだった、「もうこれまでだ、もうこれまでだ」と。屍衣と青ざめた亡霊の匂いのしみついたシーツ。そして一切のものが私の内部で砕け散るかに思われたとき、純粋な存在の戦慄が私を私のこ、ち、ら、側へ、罪の、生の、もっとも近き国へ連れ戻すのだった。

34

もし幼年期に田舎の調子っぱずれのピアノの音を耳にし、その狂った音階に日がな一日、ため息をついていた経験がないなら、また後年、不治なるものの計算法に従って瞬間を数えつつ、連続して数夜、夜を明かしたことがないならば、また追放された君が、星々のなかに、涙のなかに、泣きぬれた乙女たちの目のなかに、ただひとつのアジールとて探したことがないならば――そして生のありとあらゆる揺り籠を捨て去ったことがないならば、今日、君は空無を、世界と君の空無を知っているといえようか。

生の稀薄化は一切のものを非現実に変える。君が物に触れれば、物は君の手をすり抜ける、ちょうど君が君の手をすり抜けるように。至高の現実である陶酔にしてもそうであり、それは夢のエキスにすぎない。

君のかたわらにいる見知らぬ女が、さらに遠くまで行くのにどれほど難儀しているかを嘆き、君に否定的誘惑への対抗措置を尋ねる。君は答える、

――遍在する非現実を見るんだね。そうすれば、苦悩のまぎれもない外観など忘れてしまうだろうよ。

すると彼女はいう、

――いつまで見ているの？

――気を失うまでさ。

35

人間の存在が明白なものになればなるほど、人間はますます傷つきやすくなる。人間は存在しないものに傷つき、ほんの些細なことに動揺しかねない。これにひきかえ、人間に近い発達段階にある動物にとって、存在するためには、はるかに強烈な興奮と極端な事態とが必要である。君は君の常軌逸脱になんらの制限も加えずに、君自身になったのか。それなら、時間の放つ毒矢を君から抜き取るのはだれなのか。人間の肺には禁じられた国々を君の思考がかすめるや、すべてのものが君にかかわりをもつ。思考は酸素なしでも行える。だからこそ私たちは、いかにも残酷に思考の報いを受けるのだ。傷つきやすさを人間の本質たらしめ、無益性を人間の魅力たらしめるのは、永遠との隣人関係である。

無為にどっぷりと漬かるすべを、あるいは退屈を紛らすためにのみ行動するすべを心得ている者、これが人間だ。サハラ砂漠の百姓こそ人間の品位というものだ。存在しないもののために苦しむことのできる動物、これが人間である。

36

　私がいまもって生き、この世の厄介ごとを切り抜けながら生きつづけているとすれば、私は理性にこそ感謝しなければならないのか。たぶん、理性にも感謝しなければなるまいが、しかしそれは最後のことだ。それなら、それは人間にか。仮象にか。私が力尽きたとき、人間も仮象も存在してはいなかった。それらのものが私の助けになったのは、いつも事後のことだった。

　世界のありとあらゆる離郷者《デラシヌマン》がカルチエ・ラタンに出没し、私が私の流謫を他のアハシュエロス(8)のおびただしい群のなかに引きずって歩いていたとき、心の呪われた隷属と、街々の陰鬱な夢想のなかにひびく孤独のざわめきとに耐える力を私に与えたのは何だったのか。サン＝ミシェル大通りに、私以上によそ者めいたよそ者がいただろうか。娼婦や浮浪者に、身についた俗悪な匂いをおごってやったよそ者が？

　頽唐期のローマに侵入したスペインの、アフリカの、さてはアジアの蛮族さながらに、私もまた、さまざまの体系と宗教の混乱に見舞われた文明の凋落を賞味し、理想などはもたず、「シテ」の懐疑を玩びながら、迷妄から醒めて、光の「都市」の夕暮れのなかをそぞろ歩く。ここには根をもっている者などひとりもいない。通行人どもの疲れた目に、彼らの祖国は影すらとどめていない。国に帰属している者などもうひとりもおらず、どんな信念も彼らを未来に駆り立てることはない。彼らはいずれも、味のない現在を味わっている。衰弱し気力を失った土着の者たちは、もう疑うためにしか反応を示さない。懐疑主義は、啓蒙の「世紀」に精神をもたらした。凋落しつつある文明において、それは植物のようなものである。地平をもたぬ生に残されているのは、諸感覚の啓示と意識の屈性だけだ。本能は崩壊している。洗練された懐疑家たちの末裔は、なんであれ何ごともはや生理的に信ずることはできない。死に瀕した民族に可能なものといえば、普遍的な虚無に直面した知性の否定的なエクスタシーだけである。

　街で断末魔の息を吸えば、私たちは、この都市《シテ》のように敗北を認めぬために、自分のために夜明けをデッチあげる。すると突然、意志のただひとつの力によって、私たちはこの都市を越える。私たちはこの都市から逃れたいと思う。この都市に、何かの助けになるような人間が、あるいは物があるというのか。

私を救ってくれたものは何も、何ひとつとてなかった。バッハの『二つのヴァイオリンのための協奏曲』のラルゴを除けば――いったい何度、私は救われたのか。私がいまだに生きているのは、このラルゴのおかげだ。世界を、空を、感覚を、思考を越えて私をゆする悲痛なほどにも広大な緩徐楽章に浸っていると、ありとあらゆる慰めが私の上に降りてきて、私は、ある種の魅惑に捉えられ、感謝に酔い痴れて再び生き始めるのだった。だれに対する感謝か？……あらゆるものへの、そして何ものでもないものへの。なぜなら、このラルゴには虚無の感動があり、そのおののきは完璧の域に達しているからだ……

勉学の街で私の助けになる一冊の本とてなく、私を支えるどんな信念も、私を力づけるどんな想い出もなかった。そして霧のなかで建物が青みがかり、北の、人気《ひとけ》のないリュクサンブールが、冬の閑散期、霧雨に濡れ、私の骨と思考が湿気に芽を吹くとき、私は現在から遠く離れて、都市のただなかに茫然としている自分に気づくのだった。そのとき、私は狂おしく私の慰めの源泉に向って走り、音のなかに消えうせ、そして音の不在に運ばれて、この世に生き返るのだった。

　宗教の毒を食らい、その苦さが忘れられぬとき、音楽との共生は解毒剤になる。音楽のもたらす震動は、物にも、生きものにも、本質にも、仮象にもかかわりがない――私たちは震えおののきながら、もうだれにも頼らない。広大にすぎる音楽の領土において、大地と空は、もう追いかけっこもままならず、狭隘にすぎる大地と空には、音楽の領土を漂うための綿毛の軽さがない。音――無限にとって代った宇宙大の虚偽――は、あらゆる栄光に通じており、「神か、さもなくば自死か」という極り文句は、音楽の常套句なのである。

37

　私は空に休息を与えるつもりはない。空にふさわしい雲、白痴めいた蒼空、甘ったるい落日の安売りのポエジー――こんなものに私は用はない。

暗い、無愛想な高所、味気ない昼に夜を接種する、大きな真っ黒の雲、私は生気のうせた太陽の下での私の苦しみを、お前たちにしっかりと結びつけるだろう！

変りばえのしない大地の上を手探りしつつさまよい歩き、夢のなかの毒草を引き抜き、毒草の茂る沼地をさらう――こんなことは願い下げだ。光を失った植物よ、黒い血のなかに生い茂れ。私には優しい星々を映す気力もなければ、私の衰れな存在を、うさん臭い見てくれで糊塗する気力もない。私は毒の種を播き、夢みている星々を死に目覚めさせるだろう。

私の樹液のなかにどんな殺害が萌したのか、また不運が、あの精神の蔓植物が、どこまで伸びたのか私は知らない。私は知恵をもって精神を説教しようとは思わない。それどころか、さらに苦い油を精神にそそぎ、存在を支える、その毒気に満ちた炎をかき立てるだろう。

そして私の魂よ、虚弱であるときが多すぎるお前は、空を待ちうけている運命を逃れられまい。お前のいじけた先祖たちがお前に定めた死の休息に、お前はとどまってはいないだろう。私は輝く刃の、冷酷無情の剣を作り、その血まみれの炉のなかにお前を差し込み、決してお前に平穏の味を味わわせはしないだろう。父祖伝来の微睡《まどろみ》の忌わしい娘よ、お前は、優しさと従順に夢中の、太陽の下のあらゆる魂と同じように、おそらく自分が捨て去った、冴えやらぬ蒼空にならって眠り、まどろみたいと思っているだろう。だが私は、宙づりのまま眠らずに待ち伏せし、お前の疲労が「至高者」に達したときは、お前の翼を鞭うつだろう。そしてお前は、気のふれたイカルスさながらに、私のエゴの大時化《しけ》の海へ墜ちるだろう。

いったいいつまで私は、半透明の卑劣な領域に寄せるお前のノスタルジーに耐え、お前を静かな星々へ導く法則に従い、この世に自分ひとりでとどまろうとするのか。それなのに、穹窿のトカゲよ、お前は薄青い蒼空の静寂のなかでうねっているのである。

私はお前を棘の褥に、私の心の褥に寝かしつけ、お前に傷を負わせて、お前をそこに縛りつけよう。お前が他の世界をさまよい、そこから私の憔悴に微笑みかけるとしても、どうして私に、この世界から立ち去ることができようか。お前を逃亡者として、自分の苦しみの裏切者として、私がお前を縛りつけるのは、ここ、不安と倦怠のなかだ！ 楽園を熱愛する魂よ、私の剣はお前の熱狂を断ち切るだろう！ そしてもしお前が私を捨て去れば、私は人殺しになるだろう！

38

非存在の目に見える可能性、炎よ！ 私が私の意味を読み取ったのは、法則だの観念だのに粉飾された他のどんな学説にもまして、存在と非存在のお前の戯れのなか、お前の垂直の消滅のなかだった。生の属性を強奪する光に満ちた死よ、お前は永遠のように見える。そしてお前は、熱気にあおられて燃え上がる。お前の突然の非‐存在は、何に向って、どんな存在に向って高まるのか。

お前の激しい火炎は、なぜ私の灰の下に残る燠をかき立てないのか。私はお前のなかで、お前の偽の輝きのなかで育ち、そして永遠の幻影である、ぱちぱちとはじける音のなかで、やがてお前とともに消えうせるだろう！

あらゆる飛翔に失墜は不可避だが、その失墜を仮装させるために立ち昇るお前の火炎のように、私もまた、高所で墓にいっそう近づくために、墓を離れて世界のなかを飛びまわった。絶対的無益性がお前の努力の代価だ。お前は何ものにも、だれにも執着せず、空間の沈黙に上品な彩りをそえているようだが、しかしお前の息は、非‐存在の声、存在したいと思いながらそうすることのできぬ「存在」の声だ。非‐持続の声であるお前は、一瞬の輝きは、あるものをして在らしめるようにする秘密であることを私たちに啓示する。さまざまの信仰や幻影によって、私たちがあるものを一瞬の火の彼方に、発光する一瞬の彼方に存続させるとき、私たちはものが存在するというのだ。

……炎のひらめく「虚空」のただなかで、炎のなかでももっとも儚い炎である私は、いったい何にしがみついていればいいのか。だが、もし世界が光の影で大きくなった夜であるならば、燃えさかることで私たちは、静寂と同情の灰を頭に浴びているときよりも、いずれにしろより多く存在するだろう。神とは、生と同じように、そしてたぶん死と同じように、ひとつの虚構だ……

空《くう》を除けば、すべては空なり！　私たちが炎によってこの事実を知った、この世界で、心の火よ、無意味さの芳しい仮象よ、私に残っているのはお前たちだ。

39

突然、ひとりの魔女が君の心の海水をかき乱す。君の声はかすれ、眼差しは宙をさまよい、君の蓬髪には、空気中にばらまかれた不可視の恐怖の微粒子がひっかかる。くすんださまざまの光が点滅する。毒杯にそそがれた血の話を伝える古い伝承におけるように、柔らかな肉を切り裂いては感覚を燃え上がらせ、残酷で官能的な戦慄に死のきらめきをもたらしたのはだれか。

かつて若かった君は人間たちの間を通りすぎたが、いま静かな空の下、雷が君の腹を切り裂く。殺害以前も事態は同じであったに違いない。君は光りかがやく毒液に漬かり、消滅に苦しみつつ、リボンで飾られた消滅の苦しみのなかで静かに震えおののくのである。

君は罪過で粉飾された錦をまとい、官能をそそる追放刑を存在の焼畑にもち歩いているが、してみると君の心には、いったいどんな毒麦が咲いているのか。そして君がこのような重荷を背負っているとき、このような幸福は、いったいどこからやってくるのか。未来から姿をあらわした亡霊が、時間をよぎって行く。

みずからの恐怖を恐れながら、君はだれとでもつきあう。君は祭りを、酒を、舞踏を、そして愛撫の娼婦を探す。だが、人々が踊りまわり、行為によってその虚しさを、運動によってその倦怠を偽り、ほっと息をつくやたちまち口を開く深淵を埋めるために用いる、ちぐはぐな手段のことなど忘れているような素振りを見ると、君は心にもなくつぶやくのだ、嘘をつかぬのは自死する者だけだと。というのも、人間が嘘をつかないのは、死ぬときに限られるからだ。そこで君は彼らのもとを去る。彼らは相変らず踊りつづけ、実在の影を楽しみ、その影の下で、一瞬、自分たちの大切な幻影にうつつをぬかしては晴々とした気分を味わうのである。なぜ彼らは目を覚すのだろうか。もう何ものも存在しないからか。私たちが目を開けば、存在は消えうせる。人々が目を閉ざすのは、存在を失わないでおくためだ。だれに彼らを責められようか。澄んだあらゆる目に、その無味乾燥ぶりがはっきり見てとれる自然のもの、そんなものにはうんざりしている以上、生き生きした実在というまやかしで永遠に瞼を閉ざしておきたいと、どうして願わないでいられようか。

　もう私は毒人参の吸血鬼になりたいとは思わぬし、浜麦のなかに儚い力を汲み取りたいとも思っていない。思考の犯した罪と、空と交尾した屍体は、私の魂のなかで萎えている。自分の内部の墓地を毛嫌いするような者は、その目に見える内奥のあとにも生きながらえるだろうか。私たちが自分を容認するのは、私たちの腐敗の上に墓石を建てたからであり、心のドアに南京錠をかけ、心の空地を花咲くままにしておいたからである。私たちの内部の地獄の風景は、嫌悪感に匕首を与え、それを私たちにつきつけるだろう。そこでは大天使はひもであり、胸の上には蛇がとぐろを巻き、乙女の微笑は化膿し、花の落す影は、この世の街娼の悪態よりも汚らわしい。

不可視の女淫夢魔よ、私の血を吸うのをやめよ。お前の不吉な分泌液で私の血を汚すのをやめよ！　お前が私に投げ与えた悪運を、私自身に私が透けて見えるようになる悪運をたたきこわせ！　お前が存在しなかったら、私は自分を知ることはなかったのか。なぜお前は、私を神秘の泥沼にはまり込ませるのか。空間の毒を取り返せ。私にはその毒を際限なく吸収することはできない。それともお前は、被造物の地獄に漬かり、無垢の宇宙を娼婦の吐き捨てる唾に変えたいなどと思っているのか。

40

物質とて眠りたいだろう。だからそっとしておけ。それ自身のなかに没入させ、溺れさせよ。君は君の内部で畑仕事に精を出しすぎた。不毛の風で痩せ細った休耕地に、まだどんな種が芽を出すというのか。防腐処置のほどこされた組織には、死がその夢を閉じ込めた。さまざまの情熱がそこに呻き声を上げているミイラよ、お前の朽ちてゆくさまを永遠にとどめる包帯は、いつ破れるのか。

瀕死の人の足取りのように、残酷な優しさをもつ眠りは、自我の周囲に建てられていた壁を打ち倒し、自我を原初の不在の魅惑へゆっくり連れ戻す。物質の震動は、存在とその敵対者とが不可分である国へ君を徐々に追いやる。そして死が君の上に降りてくる。

私は蠟燭に火を灯した——だが、それは私の生を照らしはしなかった。精神の大いなる喪の悲しみは、希望の島々をそのヴェールで覆い、私は世界の棺台の上で、ため息をついていた。

私は私の同胞たちの歩む道から遠ざかるだろう。なぜなら、クレオパトラがどんなに魅力的でも、そのクレオパトラを私が乱暴になぐりつけるような瞬間があるからだ。私が女たちの胸の上に夢みたのは、スペインの修道院であり、思想の汚れを知らぬ女たちの肉体は、さながらピラミッドのように立っていたが、私はそのピラミッドの下でファラオの時代の伝説を語っていたのである。女たちの軽やかな、また動物じみた抱擁、その飽くことを知らぬ熱狂、女たちのだれひとりとして私を出発点に残しておかなかった以上、私はこれらのもののなかにどんな意味を見出していたのか。女たちは私たちを空虚のなかに置きざりにする。女性の絶対的欺瞞性、これがなかったら、私は天空を探求するほど自分を辱しめはしなかったであろう。

地下の幻影が私の額をうかがい、額は、その恐怖を虚ろな頭蓋にもたせかけ、私の心は、骸骨の指の指輪のように、肉体にしがみついている。そして私は、オリンピックの地獄の競技者さながらに、松明を手に、自分の死を求めて走るのである。

41

自尊心なき国家は生きることもなければ死ぬこともない。その存在は無味にして無価値だが、それというのも、このような国家が浪費するのは、卑下などという下らぬものに限られるからだ。ただ情熱だけが、こういう国家を単調な運命から救い出すことができようが、しかし、そんな情熱などもちあわせてはいないのである。

過去の現実を振り返るとき、私にとってとてつもなく面白いものに見えるのは、怪物めいた自信に溢れ、桁はずれの挑発をやってのけ、華々しい不幸に見舞われた時代に限られるが、それは力に満ち溢れた精神が、さらに強大な力を探し求めつつ力を吐き出していた時代である。古代ローマのひとりの元老院議員の精神にどんな事態が起っていたか、だれか想像してみたことがあるか。なるほど、権力と富に対する抑えがたい渇望が、ローマ国家をたちまち疲弊させてしまったことは事実だ。だが、ローマ国家の寿命がどんなに短かろうと、その活力は、永遠に生きつづけるかとも思われる無名の民族を凌ぐものだった。営利、奢侈、邪淫、これが文明というものだ。単純で正直な民族は、植物と変るところはない。私たちは自然を冒瀆することによって、私たちに固有の自然の法則を乗り越え、そして現実に存在し、崩壊するのである。自尊心の始動にかかる一切のものは、わずかしか持続しないが、しかしその短さは、烈しさによって償われるのである。

古代ローマの元老院にとって、ローマとは世界以上のものだった。だからこそ、ローマは世界を征服し、世界を凌駕し、世界を屈服させたのだ。民族――ましてや個人は、自分ではないものを拒否し、自分だけを理解することによってのみ創造する。

自分だけではなく他者をもまた理解することは、自分を冷静かつ従順な心霊体に変えることだ。だが、そうなればもう私たちは、何ひとつ生み出すことはない。理解とは、目隠しをされ、錯乱状態でのみ行動をおこす個人および集団の墓である。

ローマ人たちは、その法に従って絶対的に生きていた。彼らの法は他の法に比べようのないものだったが、それというのも、他の法などあり得なかったからである。また彼らの人間性の形態のほかに、他の形態などあり得なかった。共和国と皇帝政治——これは同じ自尊心の二つの国家《エタ》であり、二つの統治の方法だった。つまり前者において、人は法的に宇宙にとって代っており、後者において、人は主観的に宇宙にとって代っているのだ。法あるいはむら気が、同程度に他人の運命を決していた。ルーマニアの百姓と古代ローマの元老院議員との距離は、自然から人間への距離である。

帝国の衰退が始まったのは、疲弊した個人にもはや宇宙にとって代るだけの力がなくなり、宇宙が実在となり、ローマ人がみずからにとって外的なものと化したときだった。それは理解の産物であり、過度の見通しの産物である。人々は、ただひたすら自分であるという無限に狭隘な、そして無限に創造的な狂気じみた情熱を失っていた。世界が存在しはじめるや、私たちはもう存在しない。東方のさまざまの宗教がローマに侵入したのは、ローマがすでにみずからに不足を感じていたからだ。

キリスト教——あらゆる信仰のなかでもっとも不粋な信仰——は、奢侈、流行、香辛料、洗練された悪ふざけ、こういうものへの嫌悪感によってはじめて可能であった。もしローマがこれほど強烈に生きることなく、これほど急激に力を消耗することがなかったら、その誇り高い栄華の崩壊は、もっと遅れたことだろうし、キリスト教の教えは、一セクトのほとんど羨望にも値しない専有物にとどまったであろう。そうなれば私たちは、残酷さにおいて美的センスに富み、空《くう》において慰めとなるような、もっと官能的で、もっと詩的な別の信仰を知る機会に恵まれたであろう。

ローマがかくまで凋落し、東方のヴィールスを迎え入れて、かくも激しくみずからを否認したことは、ローマのかつての偉大さの、否定によるなんという証拠であろうか！　というのも、ローマは体面を汚したのではなく、崩壊したからだ。ゆっくりと息たえるのは、自尊心なき文明だけだ。例外的な運命に活力を恵まれた文明は、その本質そのものにおいて自然の病者であり、そしてこの事実からしても、かかる文明は、その死に向って直進する。キリスト教は、ローマ人の断末魔への羨望をかき立てた。キリスト教は美的観点から、いまだに私たちの関心をそそることができるのである。

　君の本能が不安の悪魔に牙を抜かれるならば、帝国衰退期のローマ人を手本に、デカダンスの戦士であるとはどういうことかを学びたまえ。絶望のなかでもがき、鬱々として栄光を愛し、素朴さにおいて腹黒いとはどういうことかを。これこそ精神と両立し得る唯一のヒロイズムであり、知性を裏切ることのない唯一の生き方だ。君の血がたぎり、君の目がものを見届けんことを。ところで君は、目が何を見届けるかを知っている……

……私は広場あるいは寺院で、皮肉な神々の眼差しをもたぬ胸像の前を、陰気に、ぼんやりと通りすぎてゆく自分の姿をよく想像したことがある。キリスト教徒たちはまだ姿を見せず、そして神々のむら気は、もう市民たちの虚ろな心をゆさぶることもなかった。市民たちと同じように自由で、自分の人格からも信仰からも自由な私は、倦怠のなかで花開き、廃嫡された神々の怠惰のなかで気を失っていた。時間の外、それが運命が私に与えた場所だった。世界市民、虚無の市民。信仰なき者としての私の足音は、敷石の上にかすかにひびくだけであり、空間は巨大なものと化し、都市《シテ》にはもう壁はなく、家々は揺らいでいた。かくも広大な広がりを私はどうするつもりだったのか。都市の幻影がなければ未来へ向って高鳴ることもない心に、なぜかくも広大な帝国が生まれたのか。地上の砂漠にあって根をもたぬ私は、神々の盲《めし》いた眼窩を見つめたが、そこで私の渇きを癒したのは、別の砂漠だった。

III

42

君の内部でレプラの種子が芽を出す。不眠に蝕まれた君の肉のなかで腐臭が泡立ち、腐臭は成長の甘い精気を芽に浴びせて、君の肉を懶惰な痙笑に変える。滲み出る悪臭の上に顔を押しあて、心地よい死場所を渇望し、君のかぎり限りない戦慄を、荒廃のきわみの肉体に点在する腐った薔薇のなかに沈めよ。

終りのない労苦を休息をもって代えるために、死が気前よく君に手を差し伸べているのに気づかないのか。生とは狂気の逃げ道であり、生に囚われている者は、自分の血のそそがれた道をたどっているのだ。

私は生きたいと思い、そして生きた。だが、自分が生きるのは当然の定めだと思っていたわけではなかった。生まれつき時間の死刑執行人たるべく罰せられていた以上、どうして私に瞬間のなかに住みつくことができようか。

私は人を愛し、また自分を愛した。だが、私の愛は死産児、黴の生えた閃光、化膿した腸《はらわた》のなかのエクスタシー、煮え切らぬ誘惑者の感情だった。

私の神よ、私の枕辺に死のしるしを置け。私はお前を騙したいとは思わぬし、自分を騙したいとも思わない。あるがままの私を見つめよ。意地悪さで私にまさる優しい息子がお前にいたか。私はお前の娘たちの腕のなかで、忘却に身をゆだねなければならないのだろうか。私の逝ってしまった歳月よ、死の腐植土になれかし！なぜなら、お前が私に与えた瞬間は黒いリンパ節腫であり、その結果は、「天地創造」の世界と被造物の希望とを覆い隠すからである。私は被造物の暗い目でお前を見る。私にお前を愛してほしいと思っているのか。私は、お前の星々を魂の苦痛で置きかえるだろう。純粋無垢な蒼空に別の姿を与えるために、どうして空にレプラをまき散らさないのか。恒星の空間から毒の雨を降らせる、これが私の願いだが、それというのも、私の心は星々の病いを望んでいるからだ。不治の星々よ、お前たちの旧弊を断ち切り、私の感覚の癩病院にきて、お前たちの病いを粉砕し、地上に住む個体の地獄のなかで、お前たちの空を振り払え！　不幸へのひそかな羨望を、いまだかつていだいたことはないというのか。

43

間抜けどもが世界を建設し、聡明な連中が世界を解体する。実在の襤褸《ぼろ》を繕い、寄せ集めの材料で足場を組むためには、精神の罪深い懐疑を知ってはならず、蛇の誘惑以前の林檎のごとき、バラ色の頬をもっていなければならぬ。私たちは目を覚すや、たちまち自然を犠牲にして豊かになる。自然は小さくなる。なぜなら、思考による先見の明に富む解体の罠に捉えられた私たちに、訂正のきくものはもう何ひとつ見あたらないからだ。昔から自然は貧しいものだ。私たちは無知によらなければ、自然を助けることはできない。無知は自然のそもそもの貧しさに幻想のパッチワークをつけ加え、それが、あちこちにあいた穴を隠すのである。存在とは、無知の尽きることなき善意の結果である。

私たちが存在の秘密をつきとめるとき、存在の苦しみは名状しがたいものだ。なぜなら、私たちは存在を目覚めさせ、その虚無に存在を呼び戻したからである。私たちの本能が苦しむのは、本能の外に出るからだ。呼吸の絶対不可欠の条件である私たちの加担、私たちはこれを私たちの本能に禁ずるのである。

愚かさとは何か。世界の端役であること。

……私たち——広大な「無の」場所のろくでなしである私たちはといえば——壮大な「無」の祭壇の前にもはやひれ伏すばかりである。死者である私たちは、死ぬことはできない。私たちの脳髄は生を篩にかけた。生は篩を通り抜け、私たちに「情熱」を残した。存在なきすべて。だからこそ私たちは生きていて、さまざまの信仰を嘲弄するのであり、あらゆるものにおいて確固として動じないと同時に揺れ動いており、辛辣であるとともに極度に思いやりがあり——そしてあらゆる炎が消えうせてしまっても、私たちは燃えつづけているのである。私たちは肉の虚無の直接性のなかに、搏動の存在理由を発見する。なぜなら、血まみれのつまらぬものの魅惑がつづく、その限りにおいてのみ、思考は生きることを許すからである。

もし私たちが愚かさの太陽で肌を焼いたなら！　私たちは虚構の世界に、なんと熱い実在を光り輝かしめることだろう！　なぜなら、優しく控え目な愚かさは、当然のことながら、「造物主」の泉から流れ出るからだ。世界は無知の子供である。

44

優しい自然のなかで途方に暮れた野獣のように、君はどこへ行こうと安らぎを見出すことはない。魂と感覚の間にうがたれた深淵は、運命を懲罰の同義語と化す。あらゆる欲望が君の心を苛む。絶対的な無のなかでは、目は牧場を作り出し、耳はアルペッジョを、鼻は匂いを、手はベルベットを作り出すだろう。なぜなら、さまざまの欲望は、思考によって絶えず否定される宇宙を織るからだ。感覚が快楽と言うとき、魂は虚無と言う。

君が悲しみに苦しんでいるというのに、君の欲望は世界の味をあじわいつつ陶然となっており、君の思考が世界の構造をかたくなに拒否しつづけているのに、君の情熱はそれを支持しつづけている。欲望は世界を分泌する。感覚が織り上げる存在の上に、理性は非現実の層を広げようとするが無駄である。

もし君が虚無のなかに否応なしに沈むなら、君は虚無が存在し、呼吸し、震え、渦を巻いていると感じないか。存在の不幸は、非‐存在の不幸よりも小さくはない。もし君が一方に与し、あるいは他方と戦うならば、君の安らぎはいかばかりであろうか。だが、君の魂と感覚のなかには相拮抗する力が敵対している。君は君の彷徨のとどまることのできる港を見出すことはあるまい。君は死にたいと思う！　だが、死の欲望における不死が、死の観念におけるほどの無限が、かつてあったであろうか。

私の軽薄な友よ、私もまた屍体となるだろうが、しかし炎のなかで死ななかった心は、どんな墓石にも押し潰されることはあるまい。死んだ肉は永遠の隠れ家に憩うだろうが、しかしどんな墓も、魂の、大地と空とを結んでいた疑問符である魂の徒刑場ではあるまい。

死は自尊心の牢獄だが、火が牢獄の鉄具を溶かすとき、死は無力だ。生の瞬間の上に閉ざされたドアを再び人間に開くのは、人間の情熱である。

時間の墓地に眠る心を探る力を自分の裡に感じ取ることもなく、自分が梯子であって、それをつたって失墜した天使たちが降りてきたり、地獄に堕ちた者どもの苦しみが登ってきては、森閑とした蒼空の平穏をともにするのを感じ取ることもない――こういう者は、母親の腹から出る前に、死の奴隷の名前を与えられていたのだ。

弱い閃光をも遮蔽するであろう茎、そんな茎のある花であれ。夢みながら陰鬱な旋律を聴き、君の無垢の闇のなかで悪魔の恢復に気を配れ。

「星辰」の名誉を汚し、その土台をゆさぶり、それをおぞましい魂に近づけ、その熱を消滅に変えるために、音楽を利用せよ。そうすればそのとき、星辰は、その光を自分の内部に転じ、みずからが心よりも人を欺くものであることを発見するだろう。

45

君を摑まえるには二本の腕で充分だろう……女たちはそう思っている。彼女たちは、ありふれた恋人用の言葉を君にささやき、投げやりの愛撫で君を包む。そして君は、世界の魂から切り離された残骸として、激しい欲望に身を焼きながら横たわっている。愛の虚偽は、巨大な非現実のなかの存在の唯一の輝きであることを、彼女たちは私たちよりもよく知っている。そして自然によってその手段の与えられた、生に対する威《おどし》を極端に押しすすめるのである。女ならぬ私たちは、女たちの罠に落ち、私たちがそれにふさわしい態度を示すことができなかったものを――つまり無限を汚すのである。

世界は君の内部で、その永遠の裂け目を嘆いている――そして通りすぎる女たちを見ると、君は気も狂わんばかりになる。こんなにもつらい苦しみを、どう鎮めればいいのか。君は生成を嫌い、そして愛している。永遠は時間と同じように、罪でもあれば、また贖罪でもある。肉のかたわらにあって、君は世界の土台を夢み、そしてその土台の陰で、儚い陶酔との隣人関係を夢みている。

君は限界のなかに自分を閉じ込めることはできない。ひびきのよい微風が限界の源泉よりも遠くへ——死へ——君を引き伸ばすというのに、どのような境界で自分を囲むことができるというのか。

数々の災難と魂にあいた穴に苦しめられて、君は不運の歌で自分を慰める。逃げ道はない。あらゆる死が君をつけねらっており、そして君は、あらゆる死で死ぬだろう。

君が傷を負わなかった道がひとつでもあるか。君の心臓は、病んだ時間のなかで鼓動を打つ。君は瞬間のなかに自分を認め、瞬間は君を認めていた。未来は終りのない茨の藪だ。生の源泉は汚され、魂の井戸のなかで黝い水は淀んで腐っている。そんなところに、どうして脳髄のホスピスを建てることができようか。精神と時間は悪臭を放っている。自然の、そして自分自身の孤児である君には、思考が避難所ではない世界で、死よりも確実な避難所は狂気だ。

熱烈に生を愛し、しかる後に、君の空無によってうがたれた果てしない不在に対して、わずかばかりの同情をせがむ自分自身の乞食であること――これは虚無の哀れな庭師、菫と膿《うみ》の種を播く人であるということだ……

人間とは神秘の野であり、そこには良き種子に劣らず毒麦が豊かに繁茂し、光り輝いている。そしてさまざまの神秘のなかでひときわ際立つのは、官能の聖者である。

46

死は私の頭蓋の上に一滴また一滴としたたり落ちる。そして岸辺のない空間のなか、私には隠れる場所も行くべき場所もない。死は非‐存在の雲をまとって蒼空から滲み出ては、信頼の土台を侵す。

私は広大無辺のなかに自分の墓を掘らねばならぬのか。墓を掘るのは死のやることだ。私が先手を取るには及ばない。死は私の魂のなかに墓を掘った。それ以来、私は長いことそこに横たわっている。そしてそこに群がる蛆虫どもとともに、墓を見張っている。

私の歩む足下の物質は、経帷子だ。それは私の足許にまつわりつき、私が天使のような無関心の天蓋に達しようとすると、私をよろめかせ、私の飛翔を妨げる。私には下ってゆく道のほかに道はない。私の足は永遠の澱《おり》のなかで悪臭を放ち、私の内部で喘いでいる時間は墓地をよぎり、そして死者たちは、私が鼻にかけている瞬間のなかで鼾をかいているのである。

47

私は空の下で苦しんでいる。魂は空を魂の粥に変える。どこに視線をそそごうと、私が見るのは、この私だ。

恐怖は、欲望と存在の間にかかる橋だ。そこにどんな均衡が見出せようか。現在は時間から切り離され、時間は、病人が食ったものを苦しげに吐くように、その瞬間を吐き出す。いま、いま、いまである一切のものは一種の病気だ。かつてあったもの、そして未来にあるであろうもの——私たちを消耗させずにはおかぬ宿痾のための架空の薬。

不運は君の寝床だ。太陽は、思い上がった乞食どものための安宿を照らす。君の不遜を終りなき「未曾有事《ジャメ》」に託せ。そして俺たちは人間だといい張る連中、君はいまもってこういう連中の血を分けた仲間だが、その血でもって、君の渇きを癒せ。匕首に変った空間の微笑みに誘惑される前に、君の心臓を最後のひと呑みのための杯にせよ。

君の激昂の鎖を断ち切り、神に吠えつくのをやめよ。君は君の苦汁をもって、神をさらに一段と飾り立て、神の不遜に毒のあるエクスタシーをつけ加えたいのか。神をしてその運命にまかせよ。神も君とまったく同じように、みずから墓穴を掘るだろう。神はどんなものよりも腐っている。星々は、神の解体の光り輝く蛆虫ではないか。

そして屍体なき蛆虫のような閑人である君は、逆様の詩篇のなかで君の死の欲望を褒めたたえながら、視界のきかぬ地平をめざして苦しそうに歩いてゆく。ひとりで。悪魔の吐き捨てる唾よりも孤独に。

あらゆる者に非難されつつ、非難のなかに君の墓を掘れ。君の涙をもって棺を作り、君の狂気をもって経帷子を作れ。

ああ！　死者の骸骨を震えおののかせ、激怒させる歌を、地下の永遠のリズムに合わせて、その顎を痙攣させる歌を作るための言葉が君にあったなら！　だが、君にはそんな言葉はないし、またみつけることもできない。無音の毒が声の苦しみの上に広がっている。そして君の心臓は、思考の死を悼む弔鐘を鳴らすのである。

48

涯てしない日々よ、お前はどうして果てるのか。お前の幸福の悲しみ、私はもうこの悲しみに耐えることができない。他の空の下の他の日々に向って旅立つ、そんなことはなおのこと私にはできない。パリの空よ、私はお前の下で死にたい！　私はお前の衰退を知った――もうどんな願いも私にはない。

私には多くの願いがあった。そしてお前の物憂い保護のもとで過した私の放浪の歳月は、私があるべきはずであったものから私を切り離す。私の未来は、時間を越えてお前を眺めていた目のなかで消えている。

私は他の国々を夢想して、お前を辱しめたことはなかった。私の根のなかに、あるいは血のノスタルジーのなかにエクスタシーを探すほど自分を卑しめたこともなかった。音をたてて流れる血、その音のなかに私は、犂の柄の上に背を曲げた農民の末裔の声を抑えつけた。すると、お前の雲が踊る懐疑のメヌエットをかき乱す、ダニューブの農民のどんな嘆きも聞えてはこない。私は、国をもたぬお前のなかで私の彷徨の慢心を挫いたが、すると、反時間の賛歌である私の絶望は、血まみれの背景に包まれるのである。

生とは絶えることなきメランコリーだ。これこそお前の教えの最後のささやきのように私には思われる。お前は私にまさる忠実な弟子を、かつて知ったことがあるか。私が他の場所で息たえる——たぶん、それが運命の望むところだったが、私はお前の下で死ぬつもりだ。私の眼差しが最後にそそがれるのはお前だろう。そしてあらゆる落日の旗であるお前は、私の死の苦痛を和らげて、私に応えるだろう。

49

愛する女や友人を君から奪い去る恐ろしい疫病、その疫病の生き残りのように、君は時間を通りぬける。すると、君の悪臭を放つ気品が、時間を陽光で満たす。

大聖堂の廃墟で、ただひとつ鳴っているオルガン、そのオルガンのように、君は空漠とした宇宙に、君の心の絶妙な調べをひびかせる。

無限に同類はない。無限は同類の不在の上に広がる。未達成に終った愛のとりとめのない苦しみが、その上に芽生える乳房の、まやかしの永遠——宇宙の欠伸は、この永遠を忘れる。世界は消えうせ、愛もまた姿を消した。そして愛とともに世界の下女たちも。

破局の花々が、死んだ愛の上に生え、苦汁の混じる蜜が、生の息吹きを蓄えていた唇から流れ出る。

……なぜ私は、私の額を柔らかな肉のなかに埋めなかったのか。なぜ物質の心地よい汗で、私の思考を包まなかったのか。時間にまどわされた「存在」の、この世の住処《すみか》に、祖国なき私の夢を、なぜ永遠に泊めなかったのか。女はこの世にいたのに、私は永遠を切望していた。二人でともにする哀れな無限！ 記憶は、さまざまの儚い魅惑を殺す。

欲望が至高のまやかしの友を待っている橋、その橋の上で私が見るのは、もう非現実の岸だけだ。その岸の間に私はちっぽけなテントを張ったが、そんなものは、同情の心あつい増水が、私の無益な歌とともに、やがて御親切にも運び去ってくれるだろう。

50

私は私の魂を浪費した。私の同胞のどんな男、あるいはどんな女が私の魂の炎に値したのだろうか。今後、私は他者の春の上に灰をまき散らし、愛と心の灰の下に自分を葬り去るだろう。

さまざまの感覚と観念、お前に残っているのはこれだけだ。なぜなら、お前はお前の外にいたのだから。お前のまわりにいる人間どもの砂漠が、もうどんな感情によっても美しくなることもなく、お前が彼らの目のなかに見届けたと思っていた星々が死に絶え、情熱の底で空が消えうせんことを！　地獄が「理想」を占拠し、滑稽で陰気な旅人であるお前を、禍のもととなる媚薬を血から採取しては虚無を賛美するお前を、「理想」の重みで呻かせんことを！　お前はお前の心の衝動を無駄にした。その衝動に応えた者も、味方した者もいなかった。お前の頭蓋を涙にくれる自然に引き渡し、涙という物質で頭蓋を押し潰し、ため息の不眠の夜のなかで、お前の未来を圧殺せよ。人々の放心は禿げた時間の上を滑ってゆき、彼らの蒼白すぎる生に生き残るのは、思考の細い溝にうずくまったひそかな嘆きだけだ。

お前は自分の外に出て、不吉な目覚めの階段を、音の霊感と死の暗示につつまれた「町」まで降りる。そしてお前は冷静に考える。どこに身を投げるべきか、セーヌ川か、それとも「音楽」にかと。

IV

51

倦怠は持続の実体、そして絶望は持続における戦いの実体だ。

人間は自分の存在を忘れるために、何かが存在しているものと思っている。さまざまの理想に身を隠し、偶像のなかに潜んでは、多大の信念を動員して時間を潰すのである。心地よい欺瞞の堆積の上に自分を発見し、むき出しの存在に直面する——これ以上に人間を苦しめるものはないだろう。

絶望？　それは間投詞のように生きることだ。海——液体の、そして無限に可逆的な間投詞——が、生と心の直接的イメージであるのはこのためだ。

倦怠の空無がとって代る二つの不在、それは健康でも病気でもない。

宇宙の唯一の存在理由は、私たちに次の点を示すことにある。つまり、宇宙が消えてなくなっても、私たちは音楽——宇宙よりもずっと真実な実在——をもって宇宙に代えることができるということを。

52

思考の坂道を滑ってゆきながら、君は実に頻繁に存在を誹謗した。だが、存在はどんな罪も犯しはしなかった、たぶん、存在しないという罪を除けば。

精神の苦しみのなかで、非難の源泉を干あがらせよ。尽きることない憎悪と、肉についての支離滅裂なシニシズムとを弱めよ。運命の非一貫性をなりふりかまわず深く愛せよ。占い師のいない世界の彗星よりも役に立たず、空のない世界の大天使の剣よりも無益に、君の無為の運命を幻影の骨髄の上にもち歩き、幻影の骨髄に人間の無分別をちりばめよ。一切のものは無を隠していることを知っている、逆上した人間の無分別を。

虚偽の根を食らい、偽の知をもって、君の不眠の待ち伏せを酔わせよ。

53

幸福は私の精神を麻痺させる。成功は私を私自身から排除し、愛の幸運は偉大さの痕跡を消し去る。幸福は自我というものを知らない……

快楽にへとへとになって意識を失ったあげく、なんと熱烈に私たちは別れを願うことだろう！　愛する女もなく、ただひとり自分の部屋にあって、不運のネクターを味わうことができるなら！　理想という理想から自由になり、存在に目はかすみ、おのが夢想の疲れを空の彼方に引き伸ばすことができるなら！

私たちは世界のなかに倒れ込むが、しかし世界で食物にありつけぬ私たちは、追放の残飯をむさぼる。

真の生は節度のなかにはない、それは断絶のなかにある。心の傷は宇宙によっては癒されないから、私たちは星々の下で錯乱に酔い痴れなければならない。それというのも、私たちの肩も脳髄も、もう理解しがたいものの重荷に耐えられないからだ。

運命は、さまざまの観念のなかで、微風のように喘いでいる。そして思考の空無がめざす「論理」は、運命によって揺らぐ。魂は、さまざまのカテゴリーを押し潰す。そして宇宙は、刑苦と化する。

54

大地は、私たちが四散するために、私たちの足下に広がっている。私は上を、そして下を見た。そして任意の場所の、あらゆる規模の偉大なもののなかに私が発見したのは、いずれも私の生の挫折だった。

私は自分の感覚を枯渇させれば、覚醒を殺すことができると思っていたが、抱擁のあげく私が再び見出したのは、すさまじい明視だった。

私は愛撫を欲し、偉大さへの私の羨望をかき立てたものだ。だが私は、精神の癒しがたい意味の奴隷となった。

私は私の聴覚を陶酔のなかに溺れさせようとしたが、しかし私の視覚は、広大な広がりの上で激化するのだった。

私は私の思考を沼池へ導いたが、しかし思考は、無残にも明確なものとなって沼地から出てくるのだった。

栄光も酒も女も、禁忌の道の、精神への隷属の道の障害を取り除きはしなかった。私の生の瞬間は極度に混乱している。もう瞬間を結びつけるものは何もない。その鎖は断ち切られており、私の耳には、ばらばらになった鎖の環の鳴る音が聞える。

……いったいだれの腕のなかに私の本性を託し、挫折の名誉を、だれに譲り渡せばいいのか。

55

「観念」をもって、わが褥《しとね》を作り、そこに身を沈め、「観念」の抽象の圧力で私の心のくぐもった声を抑えつけたいものだ。心などはうんざりだ、なかんずく、魂という、その顔は。

嘔吐は感情から生まれる。心の底にあるのは、むかつくような悪臭と膿《うみ》だけだ。私は私の差異を、生の濯《すす》ぎ水と感覚の澱《おり》とから純化された精神のほうへ、魂の鎖を解かれた、冷ややかな思考のほうへ向けたいと思っている。

判断の冷静さが、もうどんな微量の感動によっても乱されぬことを。君は充分すぎるほど仮象のテノール歌手だった。いまや、精神をそそり立てる別離の厳しさを――感激ぬきに――自分のなかに探したまえ。他人に、そして君に出来する事態を、自分がだれでもないかのように、悪にうんざりした悪魔、追放令を破った悪魔のように、見つめてみたまえ。そうすれば、「生成」は、精神の客観的な冷酷さに恐れをなして、その歩みを決定的に中断するだろう。

56

原則として私たちは、だれもが生に満ち溢れていると思い、自分の努力と、努力によってもたらされるものとに自負の念をいだいている。だが実際には、私たちは空《から》のずだ袋を提げていて、ときおりそのなかに実在のわずかなクズを放り込むのである。人間とは存在の乞食、非実在のなかの笑止な担ぎ屋、自然の修繕屋だ。

人間は自分の小屋を建て、それで世界から自由になったと思っている。もう自分のまわりのものは何も目に入らない。そして自分がたったひとりだと思うと、自分の隠れ家には屋根がないことに気づくのだ。どこへ唾を吐けばいいのか。太陽に向ってか、それとも夜に向ってか。空間のなかに手を開く。彼の指は空無でべとべとだ。どんな存在もそこにはくっつかない。なぜなら、存在は燃えるから。実在はひっかき、痛めつける。呼吸することは、一種の殉教だ。生の息吹きは、恐怖の炉のなかで黒こげになる。

57

宗教と、なかんずくその端女《はしため》である道徳とは、自我から——したがって文化から——差別の魅力であるものを、つまり軽蔑を奪った。君を人間と思っている人間の下層民を見てみよ。いいかえれば、軽蔑の目でじろじろ見てみよ。

複数の自我などというものはない、あるのは君を君の同胞とは似ても似つかぬものにしている運命だけだ。文化とは——文化との親昵のきわめつけの言葉によれば——軽蔑の訓練である。他人はこれを助け、助言を与えなければならないが、しかし期待でいっぱいの彼らの生活はこれを乱してはならない。なかんずく、彼らを目覚めさせてはならない。彼らは、自分たちの奇妙な使命がどんなに高くつくものであるか決して知ることはあるまい。人間は眠らせておけ。というのも、眠りは楽園にしかなく、気を紛らすことは、自分の苛酷な運命を和らげることなのだから。自分自身に透けて見える個人には、あらゆる権利がある。彼は、そうしたいと思うときは、自分の日々に終止符を打つことができる。運命とは、自殺の絶えざる繰り延べのことだ。

　自分の生を見張りながら、君は君の自尊心に、自我の糧をむさぼりつつある運命を、君がその一敗地にまみれた主人である運命をあばいてみせる。

58

子供のころ、君はいっときもじっとしてはおらず、あちこち駆けまわっていた。家からも家族からも遠く離れて、外にいたかったのだ。君はいたずらっぽく地平を一瞥しては、空に満腔の憧憬を捧げるのだった。

少年時代から、はやくも君は哲学に跳び込んだが、定住に対する君の嫌悪は歳月とともに募った。それ以来というもの、君の思考はあちらに走り、こちらに走りしている。彷徨の欲求が観念に取りついて離れないのだ。

四壁は君を圧迫する。道路と街路の哲学者である君が呼吸できるところは、四辻だけだ。外へ、つねに外へ——宇宙にはベッドはない！

生きていることは空しいと、抽象的な倦怠に啓示されて、君は瞬間の暗殺者よろしく、路地のなかに思考の忘却を探る。

思考の桛《かせ》を繰っては、そこから儚い希望の数珠に結ばれる一本の糸を紡ぎ出す——そんなことは無駄なことだと思うだろう。生の屍体は、あとで腐る。そして君の足跡を読み取る者は、そこにひとりの殺人者を発見する。

物のなかに物以上のものを見ず、あるがままに物を見、物と一体とならぬこと。客観性とは、この災厄の名前であり、それは認識の災厄である。

59

魂の病いは精神の病いであり、それは心のなかに降りてきた明晰さだ。私たちは、まったくもって選択することができないが、それというのも、精神の絶対的な見方は、私たちの傾向と対立するからである。私たちが一方を選べば、世界は同等の空間であることを、精神は私たちに示してみせる。一切は同じものであり、新しいものは似たようなものなのだ。可逆性の観念は、理論の匕首である。

「情熱」が姿をあらわすのはこのときだ。それは、私たちの内部に広がる不毛の畑に種を播く。錯誤の震えおののく憤激は選択する。私たちが呼吸するのは、この憤激によってであり、私たちを最悪の病いから、つまり不偏不党の病いから癒すのは、この憤激である。私たちは千里眼としては生きられない。なぜなら、そのときは、私たちはだれの味方になることもできぬし、何ものにも荷担することはできまいから。偏っていること——つまり偽の絶対を作り出すことによって、私たちは導管中の生成の樹液を活気づけるのである。状況に順応することは、主観性の行為であり、認識を辱しめることだ。客観性とは生の暗殺者であり、そして精神の〈生〉である。

60

考えるとは、心の重荷を取り去ることだ。思考のバルブがなかったら、精神と感覚は窒息してしまうだろう。

表現は病的充実から芽生える。私たちは欠如にまさしく占拠されている。思考は不充足の執拗な持続から生まれる。

私たちは何も必要とはしないが、にもかかわらず、乞食の魂を失ってはいない。精神の内部で、何かが変調をきたしたのだ。口づけの廃墟の上にかかる明晰さのアーチのように、自然の構成は、私たちの忘却のなかに支えを見出してはいない。

「天地創造」の秋、原初の落日。

狂気こそは魂の唯一の逃げ道だ。自分の大きさを失い、自分の死を早めた魂の、そして無限の可能事の思想家の、不可能事の思想家の逃げ道である。

61

私たちは、私たちの肉体を介して自分が病者であることを知る。私たちは生理的にひとりごとをいっているのだ。内面の声をもってしては、私たちが秘めているあらゆる病いを数えあげることはできないから、肉体は、私たちには名づけるすべのなかった数かぎりない傷を直接、私たちに知らせる役を買って出るのである。私たちは私たちの肉のなかで、熟語の欠如に苦しんでいる。私たちの言葉には毒は充分にあるが、薬はそうはいかない。病いとは表現されない宿痾だ。こうして肉体の組織がしゃべり始める。そしてその言葉が精神を掘り返しては、精神の材料となるのである。

62

私生活という甘い呪いの言葉が、生まれついてこのかた君につきまとっている。有限性のなかに踏みとどまることのできぬ君は、絶えず自分と無限とに面《つら》つき合わせている。他人の厄介ごとなど君には馬耳東風だから、君が自分の家ではぐくんでいる無際限のエゴイズムから君を追い立てるような者はひとりもいない。宇宙が入り込んでくるような家、そんな家を君はつねに夢みていた。君の瞼の下で、無限という悪に殺された女たちが腐る。それは感覚の病いだ。それは、感覚の病いを軽率にも引き合いに出す愛を暗殺する。二つの目が君を見つめている——それなのに君はずっと遠くを見ている。二本の腕が君にからみつく——それなのに君は空間を抱きしめる。微笑みが君の肉体に滲み込んでくる——それなのに君は星々に恋こがれている。

人間とは、無限が心のなかに落す影だ。これが私生活の究極の正当化であり、そしてまた、愛の戯れの、情熱のわざとらしさの正当化でもある。君は娘や人間たちを騙していると思っている——若い娘ほど命にかかわる絶対をよく暗示するものはない——がしかし、君が騙しているのは君なのだ。常軌を逸していること——無限のために……

63

かつては自分もひとりの子供であったことを想い出す。それがすべてだ。想い出は、生の甘美な眠りを蘇らせる助けにはならない。思考以前の自分を想像するよりも、私には思考の残骸の下で呻いている自分の姿を想い描くほうがはるかに容易だ。私たちが意味を待っていた時期、そんな時期は何ひとつ生き残りはしない……

少年期の終るとき、私は死の不安に出会った。こうして私は知り始めたのだ。そしてこの死の不安は、死の欲望に解消され、この欲望は、無益な思考を礫刑に処した幸福の浪費のなかで純化された。もし私が無知のままだったら、垂直の屍体に知性の栄冠など授けはしなかったし、私を少年期に結びつけている糸が、負の自尊心で断ち切られることもなかったであろう。時間が希望の柱をゆさぶることも、私の精気に寄生することもなかったであろう。ところが、時間は私の生の酵素を干からびさせ、倦怠の覆いのなかで私の熱情を冷ましたのだ。倦怠には倦怠の秘密が、つまり抽象的心がある。時間がそこを通って流れた心が、そして無垢の不感症を傷つけられ、黴に脅かされている観念だけが、そこに居座っている心が。生の夜明けはどこにあるのか。語れ、「善」の文盲者よ、悪による一切知者よ！……そして私は自分によく問うのである、どうして子供である勇気があったのかと。

64

孤独によって罪を犯し、つきあいを絶って相手を傷つけ、遁世にのみ悦びを知る。完全に孤独であること。

精神に由来する、一切を根絶やしにするエネルギーは、君の個体性を激化させる。宇宙でさえ一個の個体性と化する。精神は君を捕える。君が精神を捕えぬ限りは……

個性という観念は、私たちを人間の顔として細分化し、ある種の人間においては宇宙的叫びの様相を呈するが、それは不運を生み出す。人間は過度のエゴによって、あらゆる節度を失う。つまり人間は、その頂点が空に達しているため自分の根を忘れている樹のようなものなのだ……自我の容積が無限を侵食し、全員一致の個体に、鋭い批判的な見解は呑み込まれてしまうのである。

……私は、わが意に反してはぐくんだ憎しみを深く愛しながら、時間の残骸の下、快感に浸りつつ私の悪運をもち運んでゆく。実在のどんな微風も、今からのちは私の額に触れるな！　悪魔が私の皺の上に、その知恵と苦しみとをささやき、「悪」の吐息が私の脳髄に滲み込み、瞬間が希望のなかに算を乱して逆流し、そこにその混沌たる乱行を広めんことを！　もはや狂気が精神に入市税を支払わず、思考の管轄区域に爆発せんことを！

65

私は哲学の深さを、それが表現し、かつ回避する彷徨の欲望の物差しではかる。それぞれの場所に固有の欠陥をさらけ出す思考の、あらゆる体系は、凡庸な呼吸を、出不精の不安を増長する。他のものが私たちの関心を奪うとき、思考の構築は放浪の情熱を弱め、空間への妄執を抑える。考えるとは、いずれにしろとどまることだ。この意味で、「ここにいれば安全だ」といわれるのではないか。

あてどなく旅立ち、未知のよそへ向う不安は、卑俗な本能を目覚めさせ、そして私たちは理論の避難所で、心の直接的な無限を回避するのである。思考における秩序は心の桎梏、心の死だ。もし私たちが心を解放するなら、私たちはどこへ行くだろうか。どこでもないところ、それが心の法であり、ここ、それが体系の法である。

私たちは観念を繋ぎ合わせることで、危険を遠ざける。と同時に、自我の揮発性をも。私たちは凝固する。精神の蒸気は固まる。抑えがたい霊感が形をなし、そして自由が呻く。思考は、心の長いため息のなかで結実する。それは不死の屍体にぴったり合う。終りのない世界で自分を救うために、私たちは思考をその運命にまかせ、結末をつけぬままにしておくだろうか。この誘惑は、不安よりも小さいものではない。

66

これが私の血、これが私の遺骸。そして精神の陰気な手探り。精神のカスには宇宙がベッド代りだ。

太陽はその光のなかに、天上の沼地のなかに嵌り込んでしまった。

生き残った者たちは目を据え、もう驚きに目をひらくこともない。なぜなら、空間には人を驚かすようなものはもう何もないから。

私の存在の埃を舞い上げる風ももう吹かない。微風は、人間たちの脳髄の上で凍ってしまった。そして石と化した心は、存在の魅惑的な不安を知りたいという思いをささやく。「錯誤」をそそのかした日々はどこへ行ったのか。世界には誤ったものはもう何も、何ひとつない。なぜなら、世界は「真実」のなかに防腐保存されてしまったから。すなわち、という言葉によって、宇宙は貧血でくたばる。発芽を養う一滴の血もなく、血は「知識」に汚染されている。

……人間はあらゆるものの結末にうんざりして、手を引き、自分の遺骸を別の宇宙に向けて積み込む。

67

自分の「自我」の重荷に打ちひしがれて、自分自身から離れたいと思っている私たちは、自分の自己同一性を耐えがたい重荷のように避ける。私たちの肺のなかに淀んでいる空気は、神の吐き出した息であり、その悪臭は脳髄に達し、脳髄に、病んだ無限の毒を接種する。さまざまの「観念」は、神の耄碌に見舞われて、気怠《けだる》い蒸し暑さのなかで衰弱する。そして際限のない断末魔は、どんな情熱的な愚行をもってしても覆うべくもない。

意識が「自我」を嫌悪せず、精神が理性を扼殺せず、明晰さが希望を骨抜きにしないなどということがあり得るだろうか。

精神は、それが宿った者をさえ憎しみをもって追いかけ、一個の個体以上のものでありたいと望む個体に毒を盛り、個体を補強する物質を埃まみれにする。自我とは大いなる犠牲者であり、呪われている。

68

愛と死の予感がなかったら、私たちは母親の胎内ではやくも退屈し、締りのない乳房を機械的にしゃぶりながら、その後も退屈しつづけることだろう。だが、私たちは二つの誘惑をひそかに待っており、幼くして存在という虚構をデッチあげる。愛が近づいてきて、数年間は愛で過ぎ去る。だが、愛の不具の無限の裂け目を通って、目は「別の」ものの方へ逃れる。病的好奇心は時間を凝縮させるが、その時間を通って私たちは、死へ自分を引きずってゆく。瞬間が厚みを増す。つまり、それは死の時間の密度だ……そして私たちが愛の空地に死の闇を発見するのは、愛が情熱を腐敗の戦慄に変える、ある種の曖昧さを隠しているからなのだ。蛆虫どもの嘲笑する永遠、これが愛の曖昧さだ。

愛は私たちを「別の」ものから解放することはできない。この「別の」ものとは、人間の避けがたい情熱だ。情熱が最終的に達成されるならば、私たちの内奥には、何かしら存在するところのものが――好奇心の惨憺たる停止のあることが明らかになる。もし情熱が生命にかかわる直接性でないならば、そして私たちがつまらぬ倦怠に耐える必要がないならば、たぶん私たちは、心の秋を「情熱」に傾けはしないだろう。私たちは絶えず「限界」に向って走りながら、恣意的なものに激怒し、確実性を欲して、「死」をその大文字にふさわしいものにするのだ。というのも、死とは、それに対して私たちがすべてを与える虚構であり、時間の償いようのない凡庸性であるからだ。

　精神にとって、死は他のどんなものとも同じように、ほとんど存在しない。だが精神は、血に、古くさい真実に、心の伝統に強いられて、死を認め、死に服従する。精神に死を押しつけるのは自我だ。その結果、自我は虚構に、虚構の価値以上のものを与える。あらゆるものが死を求めている以上、どうして死は存在しないことがあろうか、と懐疑的精神はうんざりして自問する。なぜ人間から人間の至高の虚偽を奪うのか。人間は死をもっているのに、死を欲する。快適な過ちを案出できないなら、人間よ、死を守る私の武器を奪い取れ！「死」のために死ね！

……これが「精神」の下す判決だ。そして精神は自分と別れて沈黙のなかに住みつく。

69

私は現実を強奪した、これが私の犯した過ちだ。私は人間の希望のありとあらゆる林檎をかじった。私は太陽を物欲しげにそっとうかがう……もし私が新奇なものに対して犯した罪に苦しめられていたなら、さぞや私は空を手袋のように裏返したことだろう。私は肉の襞に歯を突き立て、抽象の腿肉に私の観念を投げ込んだが、すると、さまざまの神秘は私の口と脳髄のなかで死ぬのだった。生成の分泌液はどこにあるのか、精神と心の搏動を強化することができるかも知れぬ生成の分泌液は？　私の背後にあるのは、私の過去を天の川さながらに無益なもので満たしている、逝った小さな水滴だけだ。呼吸は狂気の沙汰、私は無垢の肉体を探しては、そこで私の残余の熱情を費し、純粋な精神を探しては、そこで私の燃えるような倦怠を浪費する。

宇宙の不在を酔わせる虚無、その虚無に私の魂の音の震えをつけ加え、とどろき渡る声で宇宙の沈黙を引き裂き、宇宙の砂漠に私の音楽の禍いを浴びせかける――どうしてこれが私にできないのか！　空無の魂であり、虚無の心であることが！

君を責め苛む否定的運命の息の根を止めることができるだろうか。決してできない。

70

君の息を焦がす病いを君は一掃するだろうか。決して。感覚の苦しみをいまもって問題の本質に仕立て上げるだろうか。つねに。取り返しのつかぬものという君の極り文句を、信仰の喜びのなかで洩らしてしまいたいとは思わないか。決して。

……君の血のなかでは、「未曾有事《ジャヤメ》」の澱《おり》がゆったりと寛ぎ、時間が崩壊する――堕落したアヴェ・マリアの祈りが君を贖罪の溺死から救い出す。すると悪魔は、神の目のなかに潜り込み、そして君は、悪魔の影と足跡を追ってゆく……

パリ、一九四〇—四四（ホテル・ラシーヌ、ラシーヌ街）

訳注

（1）著者の拠った聖書原典は不明だが、この引用は、たとえばルイ・スゴンのフランス語版聖書に比べても、かなりの異同がある。参考までに日本語訳聖書（日本聖書協会版）から引用しておく。「神は……エデンの園の東に、ケルビムと、回る炎のつるぎとを置いて、命の木の道を守らせられた。」

（2）スエトニウス――古代ローマの伝記作家（六九?―一二八?）。カエサルからドミティアヌスまでの十二人の皇帝の伝記『カエサルたちの伝記』（邦訳『ローマ皇帝伝』）などを遺している。

（3）アンナス――イエス時代のユダヤの有力大祭司。ローマによって任命された最初の大祭司で、勢力のある非合法の大祭司族を形成した。『ヨハネ伝』（18・13）、『使徒行伝』（6・4）参照。

（4）カヤパ――アンナスの養子で、アンナスの権力下にあって、形式的にはイエス処刑時のユダヤ人側の最高責任者。イエスの処刑を主張し（『ヨハネ伝』11・49）、逮捕の計画に与し（『マタイ伝』26・3）、尋問したのち（『マタイ伝』26・57、『マルコ伝』14・53、『ルカ伝』22・66）、結局イエスをピラトに引き渡した。

（5）オーバーアンメルガウ——南ドイツ、バイエルン州の村。一六三三年、この地方に流行した悪疫退散を祈念して始められたキリスト受難劇は、以後十年ごとに上演され今日に及んでいる。現在では、中世の受難劇をしのぶ貴重なものとされている。

（6）ワラキア人——ワラキア（ヴァラキアともいう）は、ルーマニア南部の地域名。原住民はラテン系言語をもつダキア・ローマ人を主体とする。この地は古代ダキアの一部で、二世紀以後、ローマ帝国の支配下にローマ人の植民が行われ、そののち民族大移動を経て、六世紀にはスラヴ人も定住し、原住民と混血した。

（7）ダキア人——ダキアは、ドナウ川下流湾曲部の北岸をさす古代の地名。その大部分は、現在ルーマニア領に属する。原住民は印欧語族系で、ギリシア人によって「ゲタエ人」、ローマ人によって「ダキア人」と呼ばれた。トラヤヌス帝による二度にわたる「ダキア戦争」によって、ローマの属州となるが、三世紀後半ゴート族が侵入し、アウレリアヌス帝のとき（二七四年）、ローマ帝国から放棄され、ゴート族の支配下に入る。

（8）アハシュエロス——伝説上の人物。十字架を背負って歩いたキリストを虐げたため、永遠にさまよいつづける定めになったといわれる。「さまよえるユダヤ人」と呼ばれ、ゲーテをはじめとする多くの詩人・作家たちの作品の主題となる。

訳者あとがき

本書は、シオラン(一九一一―九五)のルーマニア語による最後の断章集『敗者の祈禱書』のフランス語版(Cioran : *Bréviaire des vaincus*, trad. du roumain par A. Paruit, Gallimard, 1993.)の全訳である。

シオランのルーマニア語による著作としては、第一作『絶望のきわみで』(一九三四年)から数えて六作目に当るが、現在、刊行されているテクストは右のフランス語版だけで、ルーマニア語版は未刊である。したがって、フランス語版は、ながらく筺底にあったと思われるルーマニア語の原稿をテクストとして訳出の上、上梓されたものであろう。なお、申しそえておけば、このフランス語版のテクストは、昨年ガリマール社から刊行されたシオランの一巻本全集に収録されている。

本書の末尾に明記されているように、シオランがこの断章集を書いたのは、半世紀前の一九四〇年から四四年にかけてである。四〇年から四四年といえば、フランス現代史を繙くまでもなく、パリが独軍の占領下にあった期間に当る。シオランがフランス政府給費留学生としてパリの地を踏んだのは三七年のことだから、彼はパリ定住後四年目にして、占領下のパリという未曾有の現実に遭遇したことになる。パリにおける異邦人の青春彷徨といっていい本書の内容を考えるとき、占領によって「生の地平」を奪われた閉鎖空間パリの現実の経験は、ほとんど決定的な意味をもっているはずである。

たとえば、本書の断章群をつらぬく凋落と倦怠のライトモチーフ。いうまでもなく、シオランにとって凋落と倦怠は、その相のもとに世界を感受する、いわば世界感受の基本形式であり、同時にまた、この世界感受にともなう感情、ウナムーノふうにいえば、生の悲劇的な根本感情である。そのかぎり、この感情が濃淡の差はあるにしても、彼のさまざまの断章にライトモチーフとして聴きとれるのは、いかにも自然のことといえるが、しかし本書の場合、この感情がほとんどパセティックなまでの昂まりをみせるのは、なんといっても、占領下の都市《まち》パリが、あたかも蛮族の侵寇にあえぐ頽唐期のローマにも比すべき、「文明の凋落」と「歴史の黄昏」を象徴する都市として語られている断章であるといっていいだろう。それというのも、これらの断章で、「敗北し」、「疲れきった」、「断末魔の息」もたえだえの、この都市は、その凋落の現実を通して、シオランの生の根本感情と激しく共鳴しているからであり、そして、この「地平をもたぬ生」の閉鎖空間で、彼の選ぶことのできた唯一の生の形式が、ほかでもない、凋落の現実を生きる生であり、倦怠を生きる生であるからである。彼が「衰退期のローマ人を手本に」、「デカダンスの戦士」でありたいと語るとき、あるいは、「衰退の悦楽に、摩耗した精神の物憂さに、その身をゆだね」、「倦怠のなかで花開きたい」と語るとき、その生の形式が倦怠の生であることは明らかだろう。

しかし、占領下のパリという歴史の現実とシオランの遭遇は、もとより偶然のことにすぎない。だが、この凋落の現実との遭遇によって、彼の生の感情が交感から共感へ、共感から共生感へと昂まるとき、それはもはやたんなる偶然ではなく、すでに宿命的な何ものかに転化しているといえるだろう。ここで、ぜひ次の引用をしておきたい。ここには、その宿命的なものが何であったかが、いかんなく語られているように思われるからである。

「涯てしない日々よ、お前はどうして果てるのか。お前の幸福の悲しみ、私はもうこの悲しみに耐えることができない。他の空の下の他の日々に向って旅立つ、そんなことはなおのこと私にはできない。パリの空よ、私はお前の下で死にたい！　私はお前の衰退を知った――もうどんな願いも私にはない。……

生とは絶えることなきメランコリーだ。これこそお前の教えの最後のささやきのように私には思われる。お前は私にまさる忠実な弟子を、かつて知ったことがあるか。私が他の場所で息たえる——たぶん、それが運命の望むところだったが、私はお前の下で死ぬつもりだ。私の眼差しが最後にそそがれるのはお前だろう。そしてあらゆる落日の旗であるお前は、私の死の苦痛を和らげて、私に応えるだろう。」

もうひとつ、蛇足を承知の上で、あえて指摘しておきたいことがある。それは、この暗い詩情をたたえた、青春の彷徨の書が、同時に「わが同胞」への訣別の書であり、ワラキア人の、ダキア人の、さらには「ダニューブの農民」の末裔として、「わが同胞」につらなるおのれ自身への訣別の書であり、つまりは自己否定の書でもあるということである。「牧笛で生を嘆いていた祖父たちよ、あなたがたはもう私のなかには存在しない。あなたがたの歌は、はるかに幸運に恵まれた国々の逸楽に耽溺した故郷喪失者の裡に、郷愁の谺を目覚めさせることもない。あなたがたから遠く離れているわけではないのに、それでも私はたったひとりで死ぬだろう……」こういいきったとき、しかしシオランは、自分のたどる彷徨の道程をどのように思い定めていたのだろうか。伝説の流浪ユダヤ人アハシュエロスに自分を擬しているところからすると、あるいはこのとき彼が思い描いていたのは、「地上の砂漠にあって根をもたず」、「時間の外」を永遠にさまよいつづける「形而上の流謫者」、つまり「時間を越えた永遠の黄昏のなかに凝然と立ちつくし……しかもいかなる世界にも属さない」(『崩壊概論』)「世界市民、虚無の市民」だったのだろうか。

いずれにしろ、おのれの出自の否定、おのれの過去との訣別が、この青春の彷徨の書の否定しえぬ側面だということだが、過去との訣別といえば、初期シオランの特徴といっていい、あの「熱狂的リリシズム」からの脱却のきざしが看てとれることも、本書のもうひとつの特徴として忘れずに指摘しておこう。この点で、本書がシオランの一群の著作のなかに占める位置は、同じパリにおける青春彷徨の書『マルテの手記』のそれと似ているといえるかも知れない。というのも、『マルテの手記』は、リルケの作品群のなかにあって、一般に詩人の「陶酔的なロマン主義的な叙情性」(望月市恵)からの転機を画する作品として位置づけられているからだ。しかし、リルケはともあれシオランの場合、過去のおのれの存在にもひとしい、この「熱狂的リリシズム」を完全に克服するには、言葉の本来の意味でラディカルな経験が、彼がみずから「ある悪夢の物語」と呼んでいる、ほとんど実存的な経験が必要であった。いうまでもなくそれは、母語ルーマニア語の放棄、そしてフランス語への転換という経験である。……

訳出にあたり、今回もまた何かと友人諸兄をわずらわせた。渝らぬご厚情に感謝の意を記しておきたい。

また、シオランの著作の出版につねづね多大の努力を傾注して下さっている法政大学出版局の稲義人氏、並びに編集担当の松永辰郎氏に、末筆ながら篤く御礼申し上げる。

一九九六年一月

金井　裕

《叢書・ウニベルシタス　506》
敗者の祈禱書

1996年 3 月15日　　初版第 1 刷発行
2020年 3 月30日　新装版第 1 刷発行

シオラン
金井 裕 訳
発行所　一般財団法人　法政大学出版局
〒102-0071 東京都千代田区富士見 2-17-1
電話03(5214)5540 振替00160-6-95814
印刷：平文社　製本：積信堂
装幀：奥定泰之
©1996
Printed in Japan

ISBN978-4-588-14055-6

著　者

シオラン（Cioran）

1911 年、ルーマニアに生まれる。1931 年、ブカレスト大学文学部卒業。哲学教授資格を取得後、1937 年、パリに留学。以降パリに定住してフランス語で著作を発表。孤独な無国籍者（自称「穴居人」）として、イデオロギーや教義で正当化された文明の虚妄と幻想を徹底的に告発し、人間存在の深奥から、ラディカルな懐疑思想を断章のかたちで展開する。『歴史とユートピア』でコンバ賞受賞。1995 年 6 月 20 日死去。著書：『涙と聖者』（1937）、『崩壊概論』（1949）、『苦渋の三段論法』（1952）、『時間への失墜』（1964）、『生誕の災厄』（1973）、『告白と呪詛』（1987）ほか。

訳　者

金井 裕（かない・ゆう）

1934 年、東京に生まれる。京都大学仏文科卒。訳書：シオラン『絶望のきわみで』、『時間への失墜』、『思想の黄昏』、『オマージュの試み』、『悪しき造物主』、『四つ裂きの刑』、『欺瞞の書』、『カイエ 1957–1972』（日本翻訳文化賞受賞）、『ルーマニアの変容』、カイヨワ『アルペイオスの流れ』ほか。